Konstantin Silka

Wie sollte die Crowd gesteuert werden? Geeignete Steuerungs- und Kontrollmechanismen für Crowdsourcing

GRIN Verlag

Bibliografische Information der Deutschen Nationalbibliothek:

Die Deutsche Bibliothek verzeichnet diese Publikation in der Deutschen National-
bibliografie; detaillierte bibliografische Daten sind im Internet über http://dnb.d-
nb.de/ abrufbar.

Impressum:

Copyright © 2015 GRIN Verlag GmbH
Druck und Bindung: Books on Demand GmbH, Norderstedt Germany
ISBN: 978-3-656-95196-4

Dieses Buch bei GRIN:

http://www.grin.com/de/e-book/298942/wie-sollte-die-crowd-gesteuert-werden-
geeignete-steuerungs-und-kontrollmechanismen

GRIN - Your knowledge has value

Der GRIN Verlag publiziert seit 1998 wissenschaftliche Arbeiten von Studenten, Hochschullehrern und anderen Akademikern als eBook und gedrucktes Buch. Die Verlagswebsite www.grin.com ist die ideale Plattform zur Veröffentlichung von Hausarbeiten, Abschlussarbeiten, wissenschaftlichen Aufsätzen, Dissertationen und Fachbüchern.

Besuchen Sie uns im Internet:

http://www.grin.com/

http://www.facebook.com/grincom

http://www.twitter.com/grin_com

Universität Kassel

Fachbereich Wirtschaftswissenschaften

Fachgebiet Wirtschaftsinformatik

Wie sollte die Crowd gesteuert werden?

Identifizierung geeigneter Steuerungs- und Kontrollmechanismen für Crowdsourcing Intermediäre

in Wirtschaftsinformatik

zur Erlangung des akademischen Grades Master of Arts

Konstantin Silka

Abgabedatum: Kassel, 09.03.2015

Abstract

Das neuartige Phänomen Crowdsourcing nimmt mit seinem Neologismus im Jahr 2006 stetig an Bedeutung zu. Hinter der Begriffsneuschöpfung, die sich aus den beiden Begriffen Crowd und Sourcing zusammensetzt, steht die Auslagerung von unternehmensinternen Aufgaben an eine undefinierte Masse von Personen. Verstärkt setzen immer mehr Unternehmen auf Crowdsourcing, um Aufgaben oder sogar ganze Wertschöpfungsaktivitäten an die Crowd auszulagern. Plattformen die als Vermittler zwischen einem Auftraggeber und der Crowd agieren, sind für den reibungslosen Ablauf einer Crowdsourcing Initiative verantwortlich. Die Crowd, als undefinierte Masse von Personen, stellt die Plattformen vor große Herausforderungen hinsichtlich vorhandenen betrügerischen Absichten und dem nutzenmaximierenden Handeln einzelner Individuen. Daher benötigen Plattformen zweckmäßige Steuerungs- und Kontrollmechanismen, die einerseits für einen effektiven Ablauf sorgen und andererseits betrügerisches Handeln vorbeugen. Durch den Neuartigkeitscharakter von Crowdsourcing existieren keine ausreichenden Erkenntnisse zu Steuerungs- und Kontrollmechanismen. Dieser Problematik nimmt sich die vorliegende Forschungsarbeit an, indem für das Crowdsourcing geeignete Steuerungs- und Kontrollmechanismen identifiziert werden. Hierzu bedient sich die vorliegende Forschungsarbeit einer Literaturrecherche an bereits bestehenden Mechanismen aus Bereichen, die dem Konzept Crowdsourcing ähneln. Trotz des Neuartigkeitscharakters sind gegenwärtig, bereits in großer Zahl, Crowdsourcing Plattformen präsent. Mit Hilfe eines leitfadengestützten Experteninterviews, werden fünf Plattformen hinsichtlich derer eingesetzten Mechanismen sowie den Erfahrungen befragt. Auf Basis der bis dato getätigten Erkenntnisse werden schlussendlich Handlungsempfehlungen, für die einzelnen nach einem Kategorisierungsansatz eingeordneten Plattformen, abgeleitet.

Stichworte: Crowdsourcing, Governance, Steuerungs- und Kontrollmechanismen, Motivation Crowdworker

Inhaltsverzeichnis

Abbildungsverzeichnis iv

Tabellenverzeichnis v

Abkürzungsverzeichnis vi

1 Einleitung 1

   1.1 Forschungslücke und Zielsetzung 2

   1.2 Methodischer Aufbau 3

2 Theoretische Grundlagen 4

   2.1 Begriffsdefinition 4

   2.2 Crowdsourcing Ausprägungsformen 4

   2.3 Crowdsourcing Prozess 6

   2.4 Kategorisierung Crowdsourcing Plattformen 9

3 Steuerungs- und Kontrollmechanismen 16

   3.1 Begriffsdefinition Governance 16

   3.2 Die Rolle der Motivation bei Crowdsourcing Initiativen 17

   3.3 Übersicht identifizierter Governance Mechanismen 19

   3.4 Gestaltung der Aufgaben - auf Basis des Job Characteristic Model 21

   3.5 Optimale Hierarchiestruktur 25

   3.6 Governance Mechanismen 28

      3.6.1 Governance Mechanismen zur Akquisition und Selektion 28

      3.6.2 Governance Mechanismen zur Steuerung- und Kontrolle 30

      3.6.3 Governance Mechanismen zur kooperativen Zusammenarbeit 34

4 Identifizierung eingesetzter Steuerungs- und Kontrollmechanismen – Methodik der qualitativen Analyse 37

   4.1 Idee und Fragestellung 37

   4.2 Die Erhebungsmethode – Das Experteninterview 38

   4.3 Die Auswertungsmethode – Grounded Theory 38

5 Ergebnisse und Interpretation der Experteninterviews 40

   5.1 Ergebnisse und Interpretation für Crowdwork-Plattformen 40

   5.2 Ergebnisse und Interpretation für Freelancer-Plattformen 42

   5.3 Ergebnisse und Interpretation für Innovationsplattformen 44

   5.4 Ergebnisse und Interpretation für Designplattformen 46

6 Handlungsempfehlung für Crowdsourcing Intermediäre **48**

6.1 Handlungsempfehlungen für alle Plattformkategorien 48

6.2 Handlungsempfehlungen für Microtaskplattformen 49

6. 3 Handlungsempfehlungen für Freelancer-Plattformen 52

6. 4 Handlungsempfehlungen für Designplattformen 54

6.5 Handlungsempfehlungen für Innovationsplattformen 56

6.6 Handlungsempfehlungen für Test- Marketing und Programmierplattformen 58

7 Fazit **61**

Literaturverzeichnis **66**

Anhänge **74**

Abbildungsverzeichnis

Abbildung 1: Phasen und Maßnahmen im Crowdsourcing Prozess 7
Abbildung 2: Aufbau des Job Characteristics Model 23
Abbildung 3: Meritokratie-Modell der Apache-Community 26

Tabellenverzeichnis

Tabelle 1: Identifizierte Governance-Mechanismen 19-21

Abkürzungsverzeichnis

CVS   Concurrent Version System

d. h.   das heißt

bzw.   beziehungsweise

FAQ   Frequently Asked Questions

ggf.   gegebenenfalls

GPG   GNU Privacy Guard

JCM   Job Characteristic Model

NDA   Non-Disclosure Agreement

OS   Open Source

PMC   Project Management Committee

sog.   Sogenannt

i. d. R.   in der Regel

z. B.   zum Beispiel

1 Einleitung

„ (…) the world is becoming too fast, too complex and too networked for any company to have all the answers inside. "

– Yochai Benkler, Professor an der Harvard Law School und Autor von The Wealth of Networks

Das Internet und insbesondere die Einführung, die mit dem Web 2.0 verbundenen Techniken, sind der wichtigste Wegbereiter für das Phänomen Crowdsourcing. Informationen lassen sich leicht verarbeiten und eine grenzüberschreitende Zusammenarbeit und Interaktion wird ermöglicht. Crowdsourcing bezeichnet nicht nur lediglich ein innovatives Konzept zur Verteilung und Durchführung von Unternehmensaufgaben. Es steht für eine gänzlich neue Art der Arbeitsform. Diese neue Arbeitsform entwickelt sich mehr und mehr zu einer ernstzunehmenden Alternative zur Aufgabenbearbeitung in klassischen Wertschöpfungsketten. Hammon und Hippner (2012) sehen in Crowdsourcing die Erreichung einer neuen Evolutionsstufe hinsichtlich der unternehmerischen Wertschöpfung. Tim Ringo, IBM-Personalchef äußerte in einem Gespräch mit der Fachzeitschrift Personnel Today den Gedanken, einer Reduzierung der fest angestellten Stammbelegschaft von 399.000 auf weltweit nur noch 100.000 Mitarbeiter bis zum Jahr 2017 (PersonnelToday). Zahlreiche Unternehmen wie IBM, BMW, McDonald´s und Tchibo wandten bereits Crowdsourcing an. An diesen kurzen Ausführungen ist bereits zu erahnen, welchen hohen Stellenwert entlang der Wertschöpfungsketten von Unternehmen und Institutionen Crowdsourcing zukünftig einnehmen wird. Durch die mit Crowdsourcing einhergehenden niedrigen Transaktionskosten, unter anderem bedingt durch den Einsatz von neuesten Informations- und Kommunikationstechnologien, erfreut sich Crowdsourcing stetig wachsender Beliebtheit. Dies ist nicht weiter verwunderlich, denn den Unternehmen steht mit Crowdsourcing eine große Anzahl an kostengünstigen, flexiblen und zu jeder Zeit abrufbaren externen Arbeitskräften zur Verfügung. Die Crowd wird in der Praxis zur Durchführung der unterschiedlichsten Aufgaben entlang der Wertschöpfungskette herangezogen. Diese Aufgaben beginnen mit einfachen Unterstützungstätigkeiten, gehen von kreativen und innovativen Aufgabenstellungen, bis hin zu komplexen Aufgaben wie der Programmierung und das Testen von Software weiter. Zur Durchführung von Crowdsourcing Initiativen kann der Auftraggeber eigene Crowdsourcing Plattformen einsetzten oder auf externe Plattformen zurückgreifen. Diese externen Plattformen, im Nachfolgenden auch als Crowdsourcing Intermediäre bezeichnet, werden von unterschiedlichen Dienstleistern betrieben. Diese Plattformen sind zuständig für die ordnungsgemäße Durchführung der Initiativen. Die von den Crowdsourcees eingereichten Beiträge und Lösungen müssen den Anforderungen der Auftraggeber genügen. Hier setzt die vorliegende Arbeit an, indem geeignete Steuerungs- und Kontrollmechanismen für Crowdsourcing Intermediäre identifiziert werden. Diese sollen dazu beitragen, dass Crowdsourcing Initiativen erfolgreich durchgeführt werden können.

1.1 Forschungslücke und Zielsetzung

Bei Crowdsourcing handelt es sich um ein relativ neuartiges Konzept. Der gesamte Themenkomplex dieses neuartigen Konzepts bzw. Phänomens wurde in der Forschung bisher nur lückenhaft und nur in Teilaspekten untersucht (Leimeister, Zogaj 2013). Publizierte Forschungsarbeiten beziehen sich unter anderem auf eine einheitliche Begriffserklärung für Crowdsourcing (Brabham 2008a; Lopez et al. 2010; Estellès-Arolas, Gonzàles-Ladròn-de-Guevara 2012) oder einer Typisierung bestehender Crowdsourcing Plattformen (Rouse 2010; Geiger et al. 2012; Hammon, Hippner 2012). Forschungsarbeiten die sich explizit mit geeigneten Steuerungs- und Kontrollmechanismen befassen und damit auf die Governance von Crowdsourcing abzielen, sind in der Literatur nur vereinzelt anzutreffen. Doch sollte vor allem der Governance in Crowdsourcing Initiativen ein hoher Stellenwert beigemessen werden. Dies belegen eindrucksvoll fehlgeschlagene Initiativen, wie beispielsweise die Kampagne „Mein Stil – Mein Pril" von Pril. Zur Verdeutlichung der Notwendigkeit geeigneter Steuerungs- und Kontrollmechanismen für Crowdsourcing Initiativen, kann auf die beiden Crowdsourcing Intermediäre CambrianHouse und CrowdSpirit hingewiesen werden. Obwohl beide Intermediäre mit einer großen Crowd aufwarten können, bleiben dementgegen viele Aufgaben von den Crowdsourcees unerledigt liegen (Simula 2013). In der von Leimeister und Zogaj (2013) veröffentlichten Literaturstudie konnten nur sieben Artikel identifiziert werden, die sich mit Steuerungs- und Kontrollmechanismen beschäftigten. Doch nur einer von diesen Artikeln bezog sich dabei explizit auf geeignete Steuerungs- und Kontrollmechanismen für das Crowdsourcing.

Die vorliegende Arbeit soll dazu beitragen diese Forschungslücke, zu einem gewissen Teil zu schließen, indem für das Crowdsourcing geeignete Steuerungs- und Kontrollmechanismen identifiziert werden. Um dieses Ziel zu erreichen und der Zielsetzung vollkommen gerecht zu werden, wurden die nachfolgenden drei Forschungsfragen abgeleitet.

- Welche bestehenden Steuerungs- und Kontrollmechanismen aus anderen, dem Crowdsourcing nahestehenden Bereichen können identifiziert werden und welche von diesen Mechanismen sind ebenso für Crowdsourcing Plattformen geeignet?

- Welche Art von Steuerungs- und Kontrollmechanismen setzten Crowdsourcing Intermediäre in Deutschland ein, wie sind diese realisiert und wie bewerten die Intermediäre diese?

- Welche der identifizierten Steuerungs- und Kontrollmechanismen, aus den beiden ersten Forschungsfragen, sind für die verschiedenen Typen von Crowdsourcing Plattformen zu empfehlen?

Die Zielsetzung dieser Arbeit stellt die Beantwortung dieser drei Fragen dar. Einen Schwerpunkt der Arbeit bildet hierbei die Identifizierung von Steuerungs- und Kontrollmechanismen aus anderen Bereichen, die der Arbeitsweise von Crowdsourcing her ähneln.

1.2 Methodischer Aufbau

Wie bereits erörtert, besteht das Ziel der Arbeit in der Identifizierung geeigneter Steuerungs- und Kontrollmechanismen für das Crowdsourcing. Hierauf aufbauend sollen für die einzelnen Plattformkategorien Empfehlungen ausgesprochen werden. Damit die vorliegende Forschungsarbeit diesen Zielen gerecht werden kann, setzt sich die Arbeit aus fünf Bestandteilen zusammen.

Einleitend wird auf alles Notwendige, dass für das Verständnis der weiteren Ausarbeitung erforderlich ist, eingegangen. Anschließend darauf widmet sich das nächste Kapitel der Beantwortung der ersten Forschungsfrage. Anhand der Literaturrecherche werden für das Crowdsourcing geeignete Steuerungs- und Kontrollmechanismen identifiziert. Hierzu werden Mechanismen hauptsächlich aus dem Open Source-Bereich identifiziert.

Im nächsten Abschnitt werden mit Einsatz eines leitfadengestützten Experteninterviews weitere Steuerungs- und Kontrollmechanismen identifiziert. Hierzu werden Crowdsourcing Intermediäre hinsichtlich der eingesetzten Mechanismen und der getätigten Erfahrungen befragt. Dadurch, dass sich die einzelnen Crowdsourcing Initiativen in der Arbeitsweise unterscheiden, werden die befragten Intermediäre anhand eines bestehenden Kategorisierungsvorschlag untergliedert. Die leitfadengestützten Experteninterviews dienen der Beantwortung der zweiten Forschungsfrage.

Anhand der getätigten Erkenntnisse aus der Literaturrecherche und den leitfadengestützten Experteninterviews, können schlussendlich Handlungsempfehlungen für die einzelnen kategorisierten Crowdsourcing Plattformen abgeleitet werden. Die Arbeit endet mit einer Zusammenfassung und dem Fazit.

2 Theoretische Grundlagen

Zum Verständnis der weiteren Ausarbeitung, stellt das nun kommende Kapitel alles Wissenswerte zum Begriff, Prozess und der Kategorisierung von Crowdsourcing bereit. Die in der Literatur veröffentlichten Kategorisierungsvorschläge bilden hierbei den Schwerpunkt.

2.1 Begriffsdefinition

Bei dem Begriff Crowdsourcing handelt es sich um eine Wortneuschöpfung, die sich aus den beiden Begriffen Crowd und Outsourcing zusammensetzt. Jeff Howe führte im Jahr 2006 den Begriff in dem im Wired-Magazin erschienenen Artikel „The Rise of Crowdsourcing" (2006) ein. Konkretisiert hat er diesen Neologismus in seinem im Jahr 2008 erschienenen Buch „Crowdsourcing – Why the Power oft the Crowd is Driving the Future of Business". Der Begriff Crowd ist auf die Erkenntnis von Surowiecki (2004) in seinem erschienenen Buch „Wisdom of Crowd" zurückzuführen. Die Crowd steht hierbei für eine undefinierte Masse von Personen. Surowiecki (2004) argumentiert in seinem Werk, dass unter gegebenen Rahmenbedingungen die aggregierten Informationen einer Gruppe von Individuen zu besseren Ergebnissen führen, als Lösungsansätze einzelner Individuen. Diese gemeinsam erarbeiteten Lösungen übersteigen sogar die Qualität, die des klügsten Individuums in der gesamten Gruppe.

"Crowdsourcing is the act of taking a job traditionally performed by a designated agent (usually an employee) and outsourcing it to an undefined, generally large group of people in the form of an open call." (Howe, 2008)

Howe definiert Crowdsourcing als einen Akt, Unternehmensaufgaben welche in der Regel unternehmensintern von einem Angestellten ausgeführt werden, an eine große undefinierte Masse an Personen, in einem offenen Aufruf auszulagern. Bei dieser Begriffsdefinition wird ersichtlich, wie sich Crowdsourcing von Outsourcing differenziert. Beim Crowdsourcing wird die auszulagernde Aufgabe, im Gegensatz zum Outsourcing nicht an ein Drittunternehmen, sondern an eine undefinierte Masse, die Crowd, ausgelagert. Howe bezieht sich bei der Auslagerung von spezifischen Aktivitäten eindeutig an eine undefinierte Masse an Personen.

2.2 Crowdsourcing Ausprägungsformen

Crowdsourcing kommt in der Praxis, wie auch in der Literatur als Oberbegriff für unterschiedliche Ausprägungsformen zum Einsatz. Leimeister (2012) unterteilt Crowdsourcing in die drei Ausprägungsformen Crowdvoting, Crowdfunding und Crowdcreation.

Crowdvoting

Unter Crowdvoting werden all diejenigen Crowdsourcing Initiativen zusammengefasst, bei denen unter Einbeziehung einer großen Personenanzahl, Auswahl- und Entscheidungsprozesse durchgeführt werden. Die Crowd wird dazu aufgerufen, Abstimmungen, Bewertungen, Meinungen oder Empfehlungen zu äußern. Den Crowdsourcees werden hierfür verschiedene an der jeweiligen Initiative ausgerichtete erforderliche webbasierte Funktionalitäten bereitgestellt. Beispielhaft zu nennen wäre hier eine fünf-bis-zehn-stufige Skala oder binäre Skalen mit den Auswahlmöglichkeit „gut/ schlecht" oder „gefällt mir/ gefällt mir nicht" (Riedl et al. 2010). Zu diesen Funktionalitäten werden häufig zusätzlich Kommentarfunktionen implementiert. Mit Hilfe dieser Kommentarfunktionen soll die Aussagekraft weiter gesteigert werden. Amazon kann als Beispiel für ein erfolgreiches Crowdvoting genannt werden. Auf der Seite von Amazon können alle angemeldeten Nutzer mit Hilfe einer fünfstufigen Sternenskala und der dazugehörigen Kommentarfunktion ihre Meinung über ein Produkt kundtun (Leimeister 2012).

Crowdfunding

Die Fremdfinanzierung von Unternehmen oder Projekten durch die Crowd, wird als Crowdfunding bezeichnet. Hierbei lagern Unternehmen die Kapitalbeschaffung an die Crowd aus. Bei den, von den Crowdsourcees bereitgestellten Geldbeträgen, handelt es sich zumeist um geringe Summen. Die Crowdsourcees verfolgen beim Crowdfunding unterschiedliche Absichten. In einer aus dem Jahr 2013 stammenden Studie konnten die drei Absichten Hedonismus, Altruismus und Gewinnorientierung identifiziert werden (Blohm et al 2013). In der Praxis und Literatur lassen sich vier Arten von Crowdfunding unterscheiden. Die Unterscheidung erfolgt hauptsächlich anhand des Finanzierungsmodells und der von der Crowd zu erbringenden Gegenleistung (Leimeister 2012).

- Beim Crowddonating sind die Crowdsourcees altruistisch eingestellt und spenden einen gewissen Betrag für einen guten Zweck. Die Crowdsourcees erwarten und erhalten auch keine Gegenleistung für ihre eingezahlten Geldbeträge.

- Im Rahmen von Crowdsponsoring erhalten die Crowdsourcees zwar eine Gegenleistung, diese ist aber nicht monetärer Natur. Bei den zu erbringenden Gegenleistungen kann es sich z. B. um Produkte oder Reputationen, in Form von Namensnennungen, handeln. Die Art der Gegenleistung wird vorher mitgeteilt und ist in den meisten Fällen in Höhe des eingezahlten Geldbetrags gestaffelt.

- Beim Crowdinvesting investieren Crowdsourcees direkt in das Unternehmen und erhalten als Gegenleistung Unternehmens- oder Gewinnbeteiligungen. Die Beteiligung der Crowdsourcees am Unternehmen erfolgt meist in Form eines patriarchischen Nachrangdarlehens

- Crowdlending dient dem sozialen Zweck. Crowdsourcees verleihen für einen bestimmten Zeitraum zinsfrei Geld für karitative Zwecke.

Crowdcreation

Die in der Praxis am häufigsten anzutreffende Form von Crowdsourcing, stellt das Crowdcreation dar. Bei dieser Form werden die Crowdsourcees dazu aufgerufen, sich produktiv zu betätigen, indem sich diese Ideenwettbewerbe annehmen, Designs für verschiedene Zwecke anzufertigen oder Teile einer Software programmieren (Unterberg 2010). Diese von den Crowdsourcees erstellten Beiträge können als User Generated Content aufgefasst werden, da diese die drei wichtigsten Definitionsmerkmale von User Generated Content aufweisen. Bei User Generated Content handelt es sich um publizierte Inhalte, die außerhalb von professionellen Routinen, durch die selbstständige kreative Eigenleistung entstanden sind. Crowdcreation unterscheidet sich von Crowdvoting und Crowdfunding nicht nur in inhaltlicher Art, sondern fordert von den Crowdsourcees auch höhere Leistungserstellungskosten in Form von Zeit-, Kosten-, und Materialinvestitionen. Im Gegenzug hierzu, erhalten die Crowdsourcees für die geleistete Arbeit eine monetäre Vergütung (Leimeister, Zogaj 2013).

Der Ausprägungsform Crowdfunding wird im weiteren Verlauf der Arbeit keine Beachtung mehr gewidmet. Crowdfunding unterscheidet sich inhaltlicher Natur zu sehr von den beiden anderen Crowdsourcing Ausprägungen und wird deshalb für die nachfolgende Ausarbeitung außen vor gelassen.

2.3 Crowdsourcing Prozess

Entscheidet sich ein Unternehmen Aufgaben oder ganze Wertschöpfungsaktivitäten an die Crowd auszulagern, steht das Unternehmen unweigerlich vor der Wahl, wie die Durchführung der Crowdsourcing Initiative zu erfolgen hat. Dem Unternehmen steht die Auswahl frei, eine eigene Crowdsourcing Plattform zu betreiben oder auf externe Plattformen, welche als Intermediäre eine Dienstleistung erbringen, zurückgreifen (Zhao, Zhu 2012). Größere Unternehmen wie Tchibo, McDonalds und SAP betreiben häufig eigene Plattformen zur Ideengenerierung und Erfassung von Meinungsäußerungen. Crowdsourcing Intermediäre fungieren dabei als Vermittler zwischen dem Crowdsourcer und den Crowdsourcees. Die

Intermediäre bringen dem Crowdsourcer neben einer beachtlich großen Crowd, auch noch weitere Vorteile mit sich. Das Risiko einer Crowdsourcing Initiative mit den damit verbundenen Aufwands- und Gemeinkosten, wird an den Intermediär abgetragen. Auch tragen Intermediäre dazu bei, opportunistisches Verhalten seitens der Crowdsourcer zu vermeiden und bestehende Unsicherheiten innerhalb der Kommunikation zwischen Crowdsourcer und Crowdsourcees zu reduzieren. Desweiteren sind die meisten Intermediäre auf eine oder mehrere Aufgabenbereiche spezialisiert und können dementsprechend mit einer hoch spezialisierten Crowd zum jeweiligen Aufgabengebiet aufwarten. Weiterhin sind die Prozesse und Funktionalitäten des Intermediärs, auf Grund seines hohen Spezialisierungsgrads, effektiver. Dadurch kann unter Umständen die Produktion der Plattform erhöht werden (Schenk, Guittard 2009). Der Fokus der weiteren Ausarbeitung wurde bewusst nicht auf die unternehmenseigenen Plattformen, sondern auf die externen Plattformen gelegt.

Drei Akteure wirken gewöhnlich bei einer Crowdsourcing Initiative bei. Der Crowdsourcer, der die Tätigkeiten oder Wertschöpfungsaktivitäten an die Crowd auslagert. Die Crowdsourcees, die die Aufträge bearbeiten und die Crowdsourcing Plattform, die als Vermittler zwischen den beiden agiert.

Zur Identifikation geeigneter Steuerungs- und Kontrollmechanismen und der Ableitung von Handlungsempfehlungen ist das genaue Wissen über die Durchführung einer Crowdsourcing Initiative unumgänglich. Dabei sollte der definierte Prozess nicht nur den Verlauf einer Initiative beschreiben, sondern auch auf spezifische Aktivitäten und Interaktionen innerhalb einer Prozessphase eingehen. Leimeister und Zogaj (2013) konnten anhand ihrer Literaturstudie einen idealtypischen Crowdsourcing-Prozess definieren. Dieser Prozess ist in fünf Phasen unterteilt und nimmt eine allgemeingültige Sicht aller Akteure ein. Auf die in Abbildung 1 dargestellten fünf Phasen mit den dazugehörigen Aktivitäten wird im Folgenden näher eingegangen.

Abbildung 1: Phasen und Maßnahmen im Crowdsourcing Prozess

Quelle: Leimeister und Zogaj 2013

Konkretisierung der Aufgaben

Eine Crowdsourcing Initiative startet, indem der Crowdsourcer Aufgaben bestimmt, die an die Crowd auszulagern sind. Die auszulagernden Aufgaben können beispielsweise anhand strategischer Ziele oder auf Basis von Kosteneinsparungen bestimmt werden. Diese Aufgaben müssen ausreichend konkretisiert werden, damit die Crowdsourcess in der Lage sind, diese zu bearbeiten. Daneben spielt in der Aufgabenbearbeitung auch die Granularität und eine detaillierte Beschreibung eine entscheidende Rolle. Komplexe Aufgaben sollten in kleinere Aufgabenpakete unterteilt werden. Für die Aufgabenpakete ist in der Regel ein geringerer Wissensstand nötig, so dass die Aufgabe von einer größeren Anzahl an Crowdsourcees bearbeitet werden kann (Schenk, Guittard 2009; Malone et al. 2011). Der Crowdsourcer muss sich zu Beginn für eine Arbeitsform entscheiden. Hierbei hat dieser die Auswahl zu treffen, ob eine Aufgabe von einem Crowdsourcee alleine, oder gemeinsam mit anderen im Team bearbeitet werden soll.

Auswahl der Crowdsourcees

Howe sprach bei Crowdsourcing zwar von einem offenen Aufruf an die Crowd. Doch Whitla (2009) führte die Unterscheidung in einen komplett offenen und einen eingeschränkt offenen Aufruf ein. Im Gegensatz zu einem eingeschränkt offenen Aufruf, können bei einem komplett offenen Aufruf, alle Crowdsourcees eine Aufgabe bearbeiten bzw. an dieser mitwirken. Die Potenziale der Crowd im Zusammenhang mit der Weisheit der Massen kann hier in vollem Maße ausgeschöpft werden. Bei einem eingeschränkt offenen Aufruf können nicht alle Crowdsourcees, sondern nur ein vorselektierter Teil der Crowd die Aufgabe bearbeiten. Nach Geiger et al. (2011) kann die Selektion anhand qualifikationsbasierter, also nach den Fähig- und Fertigkeiten, und/ oder nach kontextspezifischen, gemeint sind demographische, soziographische oder geographische Faktoren, erfolgen.

Aufgabenentwicklung

In der dritten Phase des Prozesses bearbeiten die Crowdsourcees die von ihnen angenommenen Aufgaben. Je nach Aufgabe wird die Aufgabe entweder eigenständig oder gemeinsam mit anderen Crowdsourcees im Team bearbeitet. Nach Afuah und Tucci (2012) findet eine Unterscheidung zwischen der wettbewerbsbasierten und einer zusammenarbeitsbasierter Form statt. Bei der wettbewerbsbasierten Form konkurrieren die Crowdsourcees untereinander. Im Gegensatz hierzu, erarbeiten die Crowdsourcees bei der zusammenarbeitsbasierten Form gemeinsam eine Lösung. Den fertigen Beitrag erhält anschließend der Intermediär und nicht der Crowdsourcer direkt.

Aggregation und Auswahl der Lösungen

Nachdem die Lösungen von den Crowdsourcees eingereicht wurden, werden diese zusammengetragen. In Abhängigkeit der Beschaffenheit und Bearbeitung der Aufgabe, entsteht somit die endgültige Lösung. Handelte es sich bei den zu bearbeiteten Aufgaben um Teilaufgaben, werden die von den Crowdsourcees einzeln eingereichten Lösungen sinnvoll zu einer Gesamtlösung aggregiert. Hierbei spricht man von einem integrativen Vorgehen. Bei dem selektiven Vorgehen werden alle eingereichten Lösungen anhand verschiedener Kriterien selektiert. Der Crowdsourcer vergleicht die eingereichten Lösungen untereinander und wählt diejenige aus, die seinen Anforderungen am meisten entspricht (Schenk, Guittard 2009; Geiger et al. 2011).

Vergütung

In der letzten Phase erfolgt die Vergütung der Crowdsourcees. Bei der Vergütung kann es sich sowohl um einen monetären Betrag, als auch um eine Sachprämie handeln. In Abhängigkeit der Crowdsourcing Initiative wird entweder jede, den Anforderungen gerecht entsprechende Lösung, oder nur eine einzelne Siegerlösung prämiert. Bei dem integrativen Vorgehen erhalten alle Crowdsourcess, die zur Gesamtlösung etwas beigetragen haben, eine Entlohnung. Bei Crowdsourcing Initiativen mit wettbewerbsbasierten Charakter, also dem selektiven Vorgehen, wird nur eine einzelne, meist die beste Lösung vergütet. Alle anderen Crowdsourcees erhalten keine Vergütung. Der Intermediär kümmert sich um alle anfallenden Tätigkeiten bezüglich Vergütung und Auszahlung (Rouse 2010).

2.4 Kategorisierung Crowdsourcing Plattformen

Wie bereits zu Anfang der Arbeit kurz angeschnitten wurde, können zwei unterschiedliche Ausprägungen von Crowdsourcing Plattformen identifiziert werden. Plattformen die von Unternehmen selbst betrieben werden, sowie externe Plattformen, die als Intermediäre eine Dienstleistung erbringen. Crowdsourcing Plattformen dienen als Interaktionsmedium zwischen dem Crowdsourcer und den Crowdsourcees. Die Plattformen müssen an den Bedürfnissen und Motiven der Crowd und an den Anforderungen der Crowdsourcer ausgerichtet sein. Verschiedene Publikationen beschäftigen sich mit der Kategorisierung von Crowdsourcing Plattformen und führen unterschiedliche Kategorisierungsvorschläge auf. Die unterschiedlichen Typen von Crowdsourcing Plattformen erfordern jeweils auf die Bedürfnisse zugeschnittene Steuerungs- und Kontrollmechanismen. Deshalb sollen die in der Literatur auftauchenden unterschiedlichsten Kategorisierungsvorschläge im Folgenden aufgeführt werden. Einer dieser Kategorisierungsvorschläge soll anschließend ausgewählt werden, um auf dessen Grundlage für die unterschiedlichsten Plattformen geeignete

Steuerungs- und Kontrollmechanismen zu identifizieren. Die Kategorisierungsansätze werden auf Basis ihrer Komplexität aufsteigend vorgestellt. Abschließend wird die Kategorisierung vorgestellt, die für die weitere Arbeit von Bedeutung ist.

Hammon und Hippner (2012)

Hammon und Hippner (2012) nehmen von allen den in dieser Arbeit vorgestellten Kategorisierungsvorschlägen, die vereinfachteste Typologie vor. Nach ihrer Ansicht lassen sich alle Crowdsourcing Initiativen und damit auch die Plattformen in die beiden Kategorien, „mit" und „ohne" Innovationscharakter untergliedern. Bei Projekten mit Innovationscharakter handelt es sich um Crowdsourcing Initiativen bei denen die Crowdsourcees Ideen aller Art generieren und bewerten. Hierunter fallen beispielsweise alle Aufgaben im Kreativ- und Designbereich sowie die Erkennung von neuen Trends. Projekte ohne Innovationscharakter, beinhalten alle Crowdsourcing Initiativen, bei denen die Crowdsourcees eigenständig Inhalte erstellen, aber auch Microtasks und das Crowdfunding werden dieser Kategorie zugeordnet. Weiter führen die Autoren an, dass Crowdsourcing Initiativen mit Innovationscharakter weiter verbreitet sind, als die ohne Innovationscharakter. Deshalb weisen die Autoren den Initiativen ohne Innovationscharakter eine geringere Bedeutung zu.

Hoßfeld, Hirt und Tran (2012)

Hoßfeld, Hirt und Tran (2012) ordnen die bestehenden Crowdsourcing Plattformen den drei Kategorien: Routineaufgaben, komplexe Aufgaben und kreative Aufgaben zu. Routineaufgaben können ohne Vorwissen und mit geringem Aufwand zügig erledigt werden. Zu diesen Aufgaben zählen das Ansehen und/ oder Bewerten von Artikeln, Blogeinträgen und Videos, sowie das digitalisieren von Texten und das extrahieren von Daten aus Produkten. Komplexe Aufgaben beziehen die Crowdsourcees in die Leistungserstellung stärker mit ein, als die Routineaufgaben. Hierzu zählt das Verfassen von Foren-, Blogeinträgen und Artikeln. Aber auch die Teilnahme an Umfragen, das Testen von Softwareprodukten und Webanwendungen zählt zu den komplexen Aufgaben. Kreative Aufgaben sind, wie an dem Namen ersichtlich ist, Aufgaben in denen die Crowdsourcees kreativ arbeiten müssen. Hierzu zählt unter anderem, die Entwicklung von Software- und Webanwendungen und die Bearbeitung komplexer Problemstellungen.

Schenk und Guittard (2009)

Die Kategorisierung von Schenk und Guittard (2009) erinnert stark an die von Hoßfeld (2012). Ebenso wie bei Hoßfeld (2012) werden die Crowdsourcing Plattformen in die drei Kategorien Routineaufgaben, komplexe Aufgaben und kreative Aufgaben unterteilt. Routineaufgaben gelten als günstig und lohnen sich finanziell für den Crowdsourcees erst ab einer großen Anzahl an zu bearbeiteten Aufgaben. Diese Aufgaben sind für den Crowdsourcer nicht wegen der Leistung eines einzelnen Crowdsourcees attraktiv, sondern wegen der großen Anzahl an Crowdsourcees in der Crowd, die zu sehr günstigen Konditionen Aufgaben verrichten. Die Aufgaben zeichnen sich dadurch aus, dass zur Aufgabenbearbeitung kein bestimmtes Vorwissen benötigt wird und der Einfluss eines einzelnen Crowdsourcees an der Gesamtaufgabe als gering einzustufen ist. Zu den komplexen Aufgaben zählen die Autoren, die Produktentwicklung, die Mitarbeit an innovativen Projekten und das Lösen von Problemen innerhalb verschiedener Bereiche auf. Die Bearbeitung dieser Aufgaben fällt komplexer aus, als die der Routineaufgaben. Deshalb werden von den Crowdsourcees gewisse Fähigkeiten und ein größerer Zeiteinsatz gefordert. Zu den kreativen Aufgaben zählen alle Aufgaben, die zur Erstellung eine kreative Ader erfordern, wie beispielsweise Designwettbewerbe.

Martin, Lessmann und Voß (2008)

Martin, Lessmann und Voß (2008) bedienen sich einer 4-Felder Matrix zur Kategorisierung der Crowdsourcing Plattformen. Die erste Dimension bezieht sich auf den Wissensstand der Crowdsourcees und unterteilt diese in die Kategorien „Amateure" und „Spezialisten". Bei den Amateuren handelt es sich um Crowdsourcees, die über kein spezielles Vorwissen und Kenntnisse verfügen. Die sog. Spezialisten verfügen über spezielles Wissen und Kenntnisse und sind somit für Aufgaben mit einem hohen Komplexitätsgrad geeignet. Der Innovationsgrad der Crowdsourcing Initiative spiegelt die zweite Dimension und teilt diese in „innovativ" und „nicht-innovativ" ein. Quadrant I steht für Plattformen, in denen sich die Aufgaben durch einen hohen innovativen Charakter auszeichnen. Zur Aufgabenbearbeitung werden hochqualifizierte Spezialisten herangezogen. Die zu bewältigende Aufgaben kommen aus dem Bereich der Forschungs- und Entwicklungsabteilungen. Im Quadrant II werden die bereitgestellten Aufgaben ebenso von den sog. Spezialisten bearbeitet. Diese Aufgaben weisen aber keinen innovativen Charakter auf und können als Weiterentwicklung des Outsourcings angesehen werden. Hierzu zählt das finden von neuen Entwicklungen oder Trends. Quadrant III steht für Aufgaben, die nicht innovativ sind und von Amateuren erledigt werden können. Bei diesen Aufgaben handelt es sich um Microtasks und Aufgaben die zum kreativen Bereich zählen. Im Quadrant IV fallen alle Aufgaben hinein, die zwar einen innovativen Charakter aufweisen, aber von Amateuren bearbeitet werden. Dem vierten Quadranten konnten die Autoren leider keine geeignete Plattformen zuweisen.

Geiger et al. (2012)

Geiger et al. (2012) klassifizieren bestehende Crowdsourcing Plattformen in die vier Bereiche: Crowd rating, Crowd creation, Crowd processing und Crowd solving. Bei den vier Bereichen handelt es sich um eine 4-Felder Matrix mit zwei Dimensionen. Die erste Dimension unterscheidet, ob die Crowdsourcing Initiativen einen „homogenen" oder

„heterogenen" Charakter aufweisen. Unter homogen wird verstanden, dass alle von den Crowdsourcees eingereichten Lösungen und Beiträge gleichwertig zu bewerten sind. Im Gegenzug hierzu sind die eingereichten Lösungen und Beiträge mit heterogenem Charakter individuell. Die zweite Dimension unterscheidet, ob die eingereichten Lösungen und Beiträge der Crowdsourcees emergent oder nicht-emergent zu nutzen sind. Stehen die eingereichten Lösungen und Beiträge miteinander in Beziehung, wird von emergent gesprochen. Hierbei werden alle eingereichten Lösungen zu einer Gesamtlösung aggregiert. Nicht-emergente Beiträge und Lösungen werden unabhängig voneinander betrachtet.

- Bei Crowd processing sind die Lösungen der Crowdsourcees homogen, sowie nicht-emergent. Die eingereichten Beiträge und Lösungen sind alle qualitativ gleichwertig und sollten mit der vordefinierten Aufgabenstellung übereinstimmen. Bei diesen Crowdsourcing Initiativen wird in den meisten Fällen eine Aufgabe in möglichst viele Teilaufgaben herunter gebrochen. Hierdurch kann sichergestellt werden, dass die Aufgaben zügig von einer großen Masse an Crowdsourcees, meist ohne spezielle Kenntnisse, bearbeitet werden können. Die einzelnen Lösungen werden zu einer Gesamtlösung zusammengefügt. Microtasks zählen zu dieser Art von Aufgaben.

- Crowd rating zeichnet sich durch seinen homogenen, sowie emergenten Charakter aus. Die Beiträge der Crowdsourcees ergeben sich beim Crowd rating durch Bewertungen und Abstimmungen. Einzelbewertungen kann keine hohe Aussagekraft beigemessen werden. Daher zählt hier der kollektive Nutzen aus der Gesamtheit aller eingereichten Bewertungen. Crowd rating wird vor allem bei Verkäufer- und Produktbewertungen eingesetzt.

- Beiträge beim Crowd solving sind heterogen sowie nicht-emergent. Die Beiträge sollen hier im großen Maße sehr individuell und voneinander unabhängig ausfallen. Die zu Crowd solving zählenden Aufgabenstellungen zielen auf eine große, heterogene Crowd ab. Der Crowdsourcer erhält eine große Anzahl unterschiedlichster Lösungsansätze, die sich nicht ergänzen und von denen eine ausgewählt werden muss. Durch die große und heterogene Crowd, soll die Wahrscheinlichkeit gesteigert werden, unter allen Einreichungen wenigstens eine passende Lösung zu erhalten.

- Beiträge die emergent sind und einen heterogenen Charakter aufweisen, gehören zu Crowd creation. Die eingereichten Beiträge stehen zueinander in Beziehung. Jeder Crowdsourcee leistet einen individuellen Teil zur Gesamtlösung der Aufgabenstellung bei. Diese eingereichten individuellen Teillösungen werden anschließend zu einer Gesamtlösung zusammengefügt.

Vukovic (2009)

Vukovic (2009) nimmt sich eine 2 x 4 Matrix zu Nutze, um die einzelnen Plattformen zu differenzieren. Bei den beiden Dimensionen handelt es sich um Funktion und Methode. Bei den Funktionen führt Vukovic die vier Ausprägungen Design und Innovation, Entwicklung und Tests, Marketing und Vertrieb, sowie Support an. Die Methode setzt sich aus zwei unterschiedlichen Arten zusammen. Bei der Methode „Marktplatz" kann sich der Crowdsourcer aus den verschiedensten Beiträgen das passendste auswählen. Gegensätzlich hierzu tritt die Methode „Wettbewerb" in Erscheinung.

Yuen et al. (2011)

Die Kategorisierung von Yuen et al. (2011) beschreibt nicht nur die Anwendungsgebiete von Plattformen, sondern auch weitere Aspekte. Hierzu gehören der Algorithmus, die Leistung und der Datenbestand. Hierauf wird im Weiteren nicht eingegangen, sondern auf Yuen et al. (2011) verwiesen. Bei den Anwendungsgebieten handelt es sich um die Bewertung, die Informationseinteilung, das Spiel und die Kreativität. Unter dem Bewertungssystem verstehen die Autoren das Crowdsourcees auf bestimmte Problemstellungen, die dazugehörigen Lösungsmöglichkeiten auswählen können. Der Lösungsvorschlag der am häufigsten gewählt wird, gilt als richtig. Bei der Informationsteilung erstellen die Crowdsourcees eigenständig Inhalte, die sie dann öffentlich teilen. In der Kategorie Spiel erfolgt die Lösungserarbeitung mit Hilfe eines Onlinespiels. Dieses Onlinespiel soll die Crowdsourcees dahingehend motivieren, um an einer Problemlösung mitzuarbeiten.

Rouse (2010)

Die Kategorisierung von Rouse (2010) erfolgt anhand eines Baumdiagramms in drei Schritten. Im ersten Schritt wird unterschieden, ob die Crowdsourcees individuell oder gemeinsam an einer Lösung arbeiten. Bei der individuellen Bearbeitung arbeitet jeder Crowdsourcee für sich allein und nur eine einzelne eingereichte Lösung wird vergütet. Im Gegensatz hierzu arbeiten die Crowdsourcees bei der anderen Ausprägung, gemeinsam an einer Gesamtlösung. Im zweiten Schritt erfolgt die weitere Aufteilung anhand des Schwierigkeitsgrads der zu bearbeitenden Problemstellung. Hierbei erfolgt eine Unterteilung in einfach, moderat und komplex. Einfache Aufgaben können von Crowdsourcees ohne spezielles Wissen und Fähigkeiten erledigt werden. Bei moderat sind die Aufgaben weder komplex noch sehr leicht in der Bearbeitung. Komplexe Aufgaben können nur von Teilnehmern mit entsprechendem Wissen und den benötigten Erfahrungen bearbeitet werden. Nach der Arbeitsform und dem Schwierigkeitsgrad erfolgt in der dritten Stufe die Aufteilung mittels des Faktors Motivation. Unterschieden werden die sieben Motivationsfaktoren Selbstvermarktung, sozialer Status, Mitwirkung, Selbstlosigkeit, Entschädigung, Vergütung und persönliche Ziele.

Leoh Mehlau (2014)

Mehlau (2014) hat mit Hilfe einer statistischen Analyse, bestehende Crowdsourcing Plattformen in die fünf folgenden Kategorien unterteilt.

Crowdwork Plattformen

Die Aufgaben die zu den Crowdwork Plattformen zählen, zeichnen sich durch eine geringe Komplexität und eine hohe Granularität aus. Der Aufruf an die Crowd erfolgt offen und richtet sich an alle Crowdsourcees der jeweiligen Plattform. Die eingereichten Beiträge sind nicht für alle Crowdsourcees einsehbar und werden auch nicht zu einer Gesamtlösung aggregiert. Als Vergütung erhält der Crowdsourcee einen bereits zu Beginn festgelegten monetären Betrag. Die Aufgaben dieser Plattform sind vom Schwierigkeitsgrad als leicht einzustufen und können somit von weniger spezialisierten Crowdsourcees erledigt werden.

Freelancer Plattformen

Die Freelancer Plattformen beschreibt der Autor als ein Sammelsurium von einer Vielzahl unterschiedlichster Crowdwork- und Freelancer Aufgaben. Im Vergleich zu den Crowdwork Plattformen, weisen die Aufgaben eine deutlich höhere Komplexität und eine geringere Granularität auf. Der Aufruf an die Crowd kann bei diesen Aufgaben eingeschränkt auf Basis qualifikationsbasierter Kriterien erfolgen. Die Vergütung der Crowdsourcees erfolgt anhand eines vorher festgelegten monetären Betrages. Die eingereichten Lösungen werden bei Bedarf zu einer Gesamtlösung zusammengefügt. Die Aufgaben in dieser Kategorie sind sehr spezifisch und stammen aus den verschiedensten Bereichen. Bearbeitet werden die Aufgaben von spezialisierten Freelancern.

Design-Plattformen

Design Plattformen umfassen Crowdsourcing Initiativen, in denen kreative Tätigkeiten ausgeübt werden. Die Aufgaben gelten als komplex und können nur von spezialisierten Crowdsourcees bearbeitet werden. Deswegen erfolgt der Aufruf an die Crowd oftmals nicht komplett offen, sondern eingeschränkt. Die Lösungen werden in den meisten Fällen für sich alleine betrachtet und werden folglich nicht zu einer Gesamtlösung aggregiert. Infolgedessen erhält auch nur ein Crowdsourcee einen vorher festgelegten fixen monetären Betrag.

Entwicklungs-, Test- & Marketing-Plattformen

Plattformen bei denen sich die Aufgaben aus Softwareentwicklungs-, Test- und Marketingaktivitäten zusammensetzten, werden zu dieser Kategorie zugeordnet. Die Aufgaben sind komplex und weisen eine geringe Granularität auf. Der Aufruf an die Crowd kann eingeschränkt, anhand kontextspezifischer Kriterien, wie demographische oder soziographische Faktoren erfolgen. Die Crowdsourcees bearbeiten die Aufgaben nicht öffentlich und die eingereichten Lösungen werden meist zu einer Gesamtlösung aggregiert. Die Höhe der genauen Vergütung wird den Crowdsourcees bereits vorher mitgeteilt.

Innovationsplattformen

Aufgaben die zur Kategorie Innovationsplattformen zählen, können sowohl eine geringe, wie auch eine hohe Komplexität aufweisen. Der Aufruf richtet sich an die gesamte Crowd und es besteht in der Regel keine Möglichkeit, Crowdsourcees über kontextspezifische Kriterien auszuschließen. Es findet oft eine zusammenarbeitsbasierte Form bei der Bearbeitung einer Aufgabe statt. Auch kommen Crowdvoting-Elemente zum Einsatz, wie z. B. Bewertung der eingereichten Lösungen. Die Vergütung kann optional mit Sachpreisen erfolgen.

Gegenüberstellung der vorgestellten Kategorisierungsansätze

Die Vorteile bei den Kategorisierungsvorschlägen von Hoßfeld et al. (2012), Hammon und Hippner (2012), sowie Schenk und Guittard (2009) liegen in der leichten Übersichtlichkeit und der generellen Einfachheit. Jedoch lassen diese Kategorisierungsvorschläge keine ausreichende Trennschärfe zu und sind damit nur bedingt geeignet. Die Kategorisierung von Martin, Lessmann und Voß (2008) lässt eine gute Trennschärfe und ausreichende Einfachheit erkennen. Unglücklicherweise fällt den Autoren kein Beispiel für den vierten Quadranten ein. Aus diesem Grund kann dem Kategorisierungsvorschlag von Martin, Lessmann und Voß (2008) eine entscheidende Schwachstelle nachgewiesen werden. Die Kategorisierung von Vukovic (2009) legt auf den ersten Blick eine sehr gute Trennschärfe vor. Dennoch existieren Plattformen die gleichzeitig die beiden Arbeitsformen Wettbewerb und Kooperation innehaben. Rouse (2010) Kategorisierungsvorschlag ist schlicht zu kompliziert, unübersichtlich und lässt keine wirkliche Trennschärfe erkennen. Das selbige gilt für die Kategorisierung nach Yuen, King und Leung (2011). Daher sind diese beiden Kategorisierungsvorschläge ebenfalls nicht geeignet. Geiger et al. (2012) beweist mit seinem Vorschlag eine präzise Trennschärfe, sowie sehr gute Übersichtlichkeit. Dasselbe gilt für die Ausarbeitung von Mehlau (2014). Diese weist durch die fünf anstatt vier Kategorien eine weitaus bessere Trennschärfe, unter Beibehaltung der Einfach- und Übersichtlichkeit auf. Deshalb sollen in der weiteren Arbeit geeignete Steuerungs- und Kontrollmechanismen anhand der Kategorisierung von Mehlau (2014), den unterschiedlichen Crowdsourcing Plattformen zugeordnet werden.

3 Steuerungs- und Kontrollmechanismen

Ziel dieses Kapitels ist es, Steuerungs- und Kontrollmechanismen aus den Bereichen zu identifizieren, die von der Arbeitsweise und Zusammensetzung der Teilnehmer her, dem Crowdsourcing nahestehen. Um dieses Ziel zu erreichen wird sich einer umfangreichen Literaturrecherche bedient. Dazu werden Steuerungs- und Kontrollmechanismen generell aus dem Gebiet der virtuellen Communities und im speziellen aus dem Open Source-Bereich (OS-Bereich) ermittelt. Es wird sich bewusst für den OS-Bereich entschieden, da die hier eingesetzten Steuerungs- und Kontrollmechanismen auf sich freiwillig betätigenden Teilnehmer gerichtet sind. Diese erledigen die anfallenden Aufgaben dabei nicht nur auf Grund monetärer Anreize. Zwar fallen die Gründe, die die Teilnehmer zur Mitarbeit an OS-Projekten und Crowdsourcing Initiativen bewegen, unterschiedlich aus, z. B. erhalten die Teilnehmer im OS-Bereich für ihre geleistete Arbeit keine monetäre Vergütung und auch sind die Organisationsstrukturen nicht direkt vergleichbar, dennoch bestehen signifikante Gemeinsamkeiten zwischen dem OS-Bereich und Crowdsourcing. Gemeinsamkeiten liegen darin, dass die Gruppe der Teilnehmer sich aus einer heterogenen Anzahl von Individuen zusammensetzt. Die Individuen innerhalb einer Gruppe verfügen über bestimmtes Fachwissen und erledigen Aufgaben alleine oder gemeinsam über einen längeren Zeitraum innerhalb einer Community. Die Kommunikation und Aufgabenbearbeitung erfolgt mit Einsatz unterschiedlichster webbasierter Informations- und Kommunikationssysteme. Anhand dieser Gemeinsamkeiten zu Crowdsourcing, ist eine teilweise Übertragung der in virtueller Communities und Open Source-Projekten angewendeten Steuerungs- und Kontrollmechanismen für Crowdsourcing Plattformen möglich. Durch die freiwillige Mitarbeit an Crowdsourcing Initiativen, treten verhaltensorientierte Steuerungs- und Kontrollmechanismen anstelle von traditionellen Mechanismen in den Vordergrund, die auch als soziale Kontrolle bezeichnet werden können.

3.1 Begriffsdefinition Governance

Governance versteht sich als institutionelle Steuerung zur Überwachung und Kontrolle der Mitarbeiter in Unternehmen und Institutionen (Schneider, Kenis 1996). Traditionelle Governance Mechanismen beschäftigen sich mit der Überwachung, Kontrolle und Steuerung von unternehmensinternen Prozessen und umgehen dabei zu großen Teilen die sogenannten weichen Faktoren. Bei dieser Art von Governance Mechanismen rücken direkte Anreiz-, Kontroll- und Sanktionsmechanismen in den Vordergrund. Diese Mechanismen sind hauptsächlich monetärer oder existenzieller Art (Lattemann, Stieglitz 2005). Durch das Wesen von Crowdsourcing, sollten die in Crowdsourcing eingesetzten Governance Mechanismen, zusätzlich um psychologische und sozialogische Aspekte erweitert werden. Diese finden sich in dem in den 1190er Jahren entwickelten Stewardship-Ansatz wieder. Der

Ansatz geht von einem intrinsisch motivierten Menschenbild aus (Donaldson, Davis 1991). Daher zielen die in Kapitel 3.3 identifizierten Steuerungs- und Kontrollmechanismen aus dem OS-Bereich hauptsächlich auf die intrinsische Motivation ab. Hierbei wird auf traditionelle Steuerungs- und Kontrollmechanismen, wie beispielsweise das Setzen und Kontrollieren von Arbeitszeit- oder Zielvorgaben, bewusst verzichtet. Nach Markus (2007) können unter dem Begriff Open Source-Governance die Mittel zusammengefasst werden, die zur Erreichung der Leitung, Kontrolle und Koordination der Individuen innerhalb von OS-Projekten zum Einsatz kommen. Nachfolgend fasst der Begriff Governance, als Oberbegriff alle Mechanismen zusammen, die den Anspruch erheben, das Verhalten der Crowd anhand der eigenen Vorstellungen zu beeinflussen. Steuerungs- und Kontrollmechanismen können als ein Teil davon betrachtet werden.

3.2 Die Rolle der Motivation bei Crowdsourcing Initiativen

Damit für das Crowdsourcing wirksame Steuerungs- und Kontrollmechanismen identifiziert werden können, sollten zuvor die Beweggründe der Crowdsourcees ermittelt werden. Erst danach ist es möglich, wirksame Steuerungs- und Kontrollmechanismen zu identifizieren, die auch tatsächlich in der Lage sind, Einfluss auf das Verhalten der Crowdsourcees auszuüben. Es kann davon ausgegangen werden, dass sich bei einem Crowdsourcee zumindest ein Gleichgewicht, aus dem getätigten Aufwand und dem dadurch zu entstehenden Nutzen ergeben muss. Das heißt, ein Crowdsourcee wird nur dann an einer Crowdsourcing Initiative teilnehmen, wenn sein Nutzen hierfür höher ausfällt, als der ihm dadurch entstandene Aufwand. Dies gilt sowohl für extrinsisch motivierte, wie auch für rein intrinsisch motivierte Crowdsourcees. Daher kann eine ausreichend große und motivierte Crowd nur dann dauerhaft Bestand haben, wenn sich zumindest dieses Gleichgewicht einstellt. Daher ergibt sich die Frage nach den Motiven, die die Crowdsourcees zur Teilnahme an Crowdsourcing Initiativen veranlassen. Die Frage nach der Motivation ist von entscheidender Bedeutung, da die im Crowdsourcing eingesetzten Steuerungsmechanismen motivationsfördernd und die Kontrollmechanismen nicht motivationshemmend auf die Crowdsourcees wirken sollten. Gemeint ist, dass die eingesetzten Steuerungs- und Kontrollmechanismen keinen negativen Effekt auf das Aufwands-Nutzen-Verhältnis ausüben dürfen. Dementsprechend können effektive Steuerungs- und Kontrollmechanismen für die Crowdsourcees nur dann ermittelt werden, wenn die Motive hinlänglich bekannt sind (Stieglitz 2008).

Die Gesamtheit der Beweggründe des menschlichen Verhaltens, wird im Allgemeinen als Motivation bezeichnet. Hierbei handelt es sich um die inneren Antriebskräfte, die das Verhalten einer Person auf ein konkretes Ziel ausrichten (Bänsch 2002). Motivation entsteht, indem eine Person durch Anregungsbedingungen der umgebenden Situation konfrontiert wird und dadurch ganz bestimmte Motive (Beweggründe) aktiviert werden, die wiederum

Verhaltensintentionen auslösen (Rosenstiel 2007). Intrinsische Motive basieren nicht auf äußeren Anreizen, sondern entstehen aus dem Individuum selbst heraus. Eine Tätigkeit wird um ihrer selbst willen geschätzt und durchgeführt. Beispiele für intrinsische Motive, sind die Freude an einer Tätigkeit, das Bedürfnis sich zu entwickeln oder etwas zu Verbessern (Shah 2004). Nach Deci und Ryan (1985) ist eine Handlung dann intrinsisch motiviert, wenn diese autonom und selbstbestimmend ausfällt. Zusätzlich hierzu liegt der selbstbestimmten Handlung auch das Bedürfnis nach Wirksamkeit und Kompetenz zu Grunde. Im Gegensatz hierzu beziehen sich extrinsische Motive auf den Erhalt einer Kompensation zur Ausführung einer bestimmten Tätigkeit. Die Tätigkeit wird nicht um ihrer selbst willen durchgeführt. Beispiele für extrinsische Motive sind der Erhalt einer finanziellen Entlohnung oder die Verbesserung der eigenen Reputation. Beweggründe, die Crowdsourcees zur Mitarbeit an Crowdsourcing Initiativen veranlassen, konnten bisher noch nicht in vollem Maße bestimmt werden (Pedersen et al. 2013). Doch konnte Hossain (2012) in seiner Studie feststellen, dass 72,4 % der Crowdsourcing Plattformen Anreizstrukturen implementierten, die auf extrinsische Motive abzielten. Von diesen 72,4 % der Plattformen setzten sogar ganze 50,4 % der Plattformen, ausschließlich auf eine rein monetäre Entlohnung. Dagegen setzten nur 27,6% der untersuchten Plattformen auf Mechanismen, die intrinsische Motive ansprechen. In den verschiedenen Publikationen zu Crowdsourcing, konnten intrinsische Motive, wie Lernen, Freude an der Arbeit und sozialer Austausch und extrinsische Motive, wie Entlohnung, Selbstmarketing und Reputation ausgemacht werden (Muhdi, Boutellier 2011; Kaufmann, Schulze 2011; Brabham 2008a; Borst 2011; Leimeister, Hubner, Bretschneider et al. 2009). Anhand der Erkenntnisse aus den Publikationen, kann festgehalten werden, dass den monetären extrinsischen Motiven ein höherer Stellenwert beigemessen werden kann, als den intrinsischen und den nicht monetären extrinsischen Motiven. Dennoch sind auch intrinsische und nicht monetäre extrinsische Motive für Crowdsourcees wichtige Beweggründe zur Teilnahme an Crowdsourcing Initiativen.

Die Motivation zur Teilnahme an OS-Projekten kann zwar nicht gleichgesetzt werden mit der Motivation zur Teilnahme an Crowdsourcing Initiativen (Brabham 2008b). Dennoch können bei den Teilnehmern von OS-Projekten, wie ebenso bei den Crowdsourcees, intrinsische-, sowie extrinsische Motive beobachtet werden. Beweggründe von Programmierern zur Teilnahme an OS-Projekten sind unter anderem, die generelle Freude an der Programmierung und die Überzeugung zu einer guten Sache beizutragen (Raymond 1999). Aber auch die eigene Reputation innerhalb der Szene zu erhöhen und einen Nutzen aus der angepassten Software zu ziehen, gehören zu den Gründen warum Programmierer an OS-Projekten mitarbeiten (Lerner, Tirole 2002; Hippel 2001). Teilnehmer von OS-Projekten weisen teils Ähnlichkeiten zu Crowdsourcees auf. In beiden Fällen handelt es sich um weltweit verteilte heterogene Mitglieder, die auf freiwilliger Basis an einem Projekt bzw. einer Initiative mitwirken. Auch hinsichtlich der intrinsischen sowie extrinsischen Motive, besteht eine gewisse Übereinstimmung. OS-Projekte, wie Linux, Debian und Mozilla sowie virtuelle

Communities, wie Wikipedia und OpenStreetMap bestehen bereits seit den 1990er Jahren. Die eben genannten Projekte erstellen bis zum heutigen Tag erfolgreiche Softwareprodukte oder andere Inhalte. Es kann davon ausgegangen werden, dass die in den (OS-)Projekten eingesetzten Steuerungs- und Kontrollmechanismen eine positive Wirkung auf die Motivation und das Verhalten der Teilnehmer entfalten. Daher sollten die in erfolgreichen OS-Projekten und virtuellen Communities, wie Wikipedia und OpenStreetMap, angewandten Steuerungs- und Kontrollmechanismen auch in Crowdsourcing Initiativen Anwendung finden.

3.3 Übersicht identifizierter Governance Mechanismen

Die aus der Literaturrecherche identifizierten Governance Mechanismen aus dem OS-Bereich, wurden anhand ihrer Zwecksetzung in drei Kategorien unterteilt.

Governance Mechanismen zur Akquisition und Selektion		
Mechanismen	**Beschreibung**	**Quelle**
Teilnehmer-rekrutierung	Mechanismen bereitstellen um qualifizierte Teilnehmer zu gewinnen und diese zur Mitarbeit an Projekten zu begeistern.	Achtenhagen et al. (2003); Stürmer und Myrach (2006)
Teilnehmer-selektion	Ungeeignete Teilnehmer anhand unterschiedlichster Kriterien vorselektieren.	Markus et al. (2000); Holck, Jørgenson (2003); O´Mahony, Ferraro (2003 23-26); Coleman and Hill (2005 284-287)

Governance Mechanismen zur Steuerung und Kontrolle		
Mechanismen	**Beschreibung**	**Quelle**
Treffen und Events	Abhalten von Konferenzen und lokalen Gruppentreffen.	Achtenhagen et al. (2003); Wengler et al. (2002)
Modularisierung	Unterteilung einer Gesamtaufgabe in mehrere Teilaufgaben.	Laat (2007); Markus et al. (2000); Koch, Schneider (2010);

		Stürmer, Myrach (2006)
Reputationslisten	Veröffentlichung von Ranglisten und Reputationslisten erbrachter Leistungen sowie Veröffentlichung von Projektbescheinigungen. Diese können nach Qualität und Quantität geordnet werden.	Markus (2002); Renninger, Shumar (2002)
Kodizes	Einführung eines Kodex, der die Kommunikation innerhalb und außerhalb von Projekten regelt.	Lattemann, Stieglitz (2005); Bonaccorsi, Rossi (2003)
Rollenverteilung	Erschaffung verschiedener Rollen für die unterschiedlichen Aufgaben. Den einzelnen Rollen geeignete Individuen zuweisen.	Achtenhagen et al. (2003); Laat (2007)
Technische Rechteebene	Zugriff auf bestimmte technische Funktionalitäten wie z. B. Zugriff auf Adminfunktionen.	Mockus et al. (2005)
Vergabe von Privilegien	Teilnahme an bestimmten Projekten. Vergabe von Titeln und Rangbezeichnungen innerhalb der Community.	Stürmer und Myrach (2006)
Preise und Awards	Erhalt von Sachpreisen, z. B. Produkte und Gutscheine oder Auszeichnung als „User des Monats".	Zboralski, Gemünden (2004)
Informations- und Kommunikations- technologien	Einführung webbasierter Informations- und Kommunikationstechnologien, z. B. Mailinglisten, Archive von Nachrichtengruppen, Diskussionsforen und einheitliche CVS.	Tedjamulia et al. (2005); Lattemann, Stieglitz (2005)

Governance Mechanismen zur kooperativen Zusammenarbeit		
Mechanismen	**Beschreibung**	**Quelle**
Reputation/ Ruf	Community-Interne Anerkennung von erbrachten Leistungen, z. B. auf Grund von Programmierkenntnissen.	Sharma et al. (2002); Lattemann, Stieglitz (2005); Achtenhagen et al. (2003)
Peer Review von Beiträgen	Gegenseitiges Beurteilen und Kommentieren von Ergebnissen.	Achtenhagen et al. (2003)
Entscheidung und Akzeptanz über den Führer	Werden die Mitglieder an den Wahlen zum Führungspersonal beteiligt? Ermächtigt sich der Führer selbst oder entscheidet die Community über diesen?	Lattemann, Stieglitz (2005); Laat (2007)
Sanktionierung	Öffentliches Anprangern innerhalb der Community von informellen und formellen Regelverstößen.	Lattemann und Stieglitz (2005); Markus et al. (2000); Gallivan (2001)
Entscheidungs-findung	Werden die Entscheidungen zentralisiert oder dezentralisiert gefällt?	Laat (2007); Markus et al. (2000)

Tabelle 1: Identifizierte Governance-Mechanismen

3.4 Gestaltung der Aufgaben - auf Basis des Job Characteristic Model

Erkenntnisse aus den verschiedensten Publikationen lassen zu dem Schluss kommen, dass vor der Implementierung geeigneter Steuerungs- und Kontrollmechanismen, eine intrinsisch motivierende Arbeitsumgebung für die Crowd geschaffen werden sollte. Wie bereits angesprochen, werden nach Lerner und Tirole (2005) von den Teilnehmern nur solange Beiträge geleistet, wie das Verhältnis zwischen Aufwand und Belohnung für das Individuum positiv ausfällt. Weitergin gehen Nakamura und Csikszentmihalyi (2003) davon aus, dass ein bestimmter maximaler Glückszustand dann erreicht wird, wenn eine Tätigkeit ausreichende, aber nicht zu hohe Anforderungen an die Fähigkeiten eines Individuums stellt. Nach Frost und Holzwarth (2001) birgt die alleinige Motivierung der Teilnehmer durch monetäre Anreize die Gefahr eine Anreizspirale in Gang zu setzen, d. h. längerfristig müssen die monetären Anreize immer weiter erhöht werden, damit diese noch motivierend wirken. Dementsprechend sind nach der Schlussfolgerung der Autoren intrinsisch motivierte Teilnehmer auf lange Sicht die besseren Mitarbeiter, da für sie der Anreiz in der Sache oder dem Tätigkeitsinhalt selbst liegt. Infolgedessen sollte die Arbeitsumgebung bzw. die Art der

Tätigkeiten an die intrinsische Motivation der Teilnehmer adressiert sein und einen Beitrag leisten, diese zu steigern. Auf diese Weise soll einerseits erreicht werden, dass die intrinsische Motivation bei der Aufgabenbearbeitung soweit wie möglich in den Vordergrund rückt. Andererseits soll die eigentliche Arbeit nicht länger als Aufwand, sondern als Nutzen und damit als Belohnung angesehen werden.

Hackman und Oldham (1980) konnten einen Zusammenhang zwischen der Arbeitszufriedenheit und der Art der Arbeit nachweisen. Das von den beiden entwickelte „Job Characteristic Model" (JCM) befasst sich mit der Arbeitsgestaltung und den Motivierungspotenzialen von Arbeitsaufgaben. Im Prinzip wurde das Modell um das Konzept der intrinsischen Motivation gebaut. Das Ziel von Hackman und Oldham (1980) bestand darin, Arbeitsbedingungen zu identifizieren, die zu einer Erhöhung der intrinsischen Motivation führen (Schmidt, Kleinbeck, Rohmert 1981). Das JCM zeigt auf, wie Aufgaben beschaffen sein müssen, damit diese eine motivationsanregende Wirkung auf die intrinsische Motivation entfalten (Schmidt, Kleinbeck 1999). Zwar wurde das Modell im eigentlichen Sinne für die Produktionsarbeit entwickelt, die aus dem JCM gewonnen Resultate gelten aber für alle Arbeitsformen und können folglich mit einigen Ergänzungen auch auf den Fall Crowdsourcing übertragen werden. Die beiden Autoren führen an, dass sich die Arbeitszufriedenheit während der Bearbeitung einer Aufgabe aufgrund der folgenden drei psychologischen Erlebniszustände ergibt. Ein Mitarbeiter muss das Wissen um die Ergebnisse seiner Arbeit kennen. Weiterhin muss sich ein Mitarbeiter für die Ergebnisse seiner Tätigkeit selbst verantwortlich fühlen. Zudem muss der Mitarbeiter seine Arbeit als Bedeutsam empfinden. Je zufriedenstellender ein Mitarbeiter diese drei psychologischen Erlebniszustände empfindet, desto höher fällt seine maximale Arbeitszufriedenheit aus. Diese drei Erlebniszustände werden nach Hackman und Oldham (1980) von fünf Aufgabenmerkmalen bestimmt. Bei diesen Aufgabenmerkmalen, die als Motivatoren bezeichnet werden können, handelt es sich um die Anforderungsvielfalt, Ganzheitlichkeit, und Bedeutsamkeit der Aufgabe, sowie Autonomie und Feedback.

Wie in Abbildung 2 zu erkennen ist, wirken sich die fünf Aufgabenmerkmale auf die drei bereits besprochenen psychologischen Erlebniszustände aus. Die bei der Ausführung einer Tätigkeit empfundenen Erlebniszustände, haben wiederum direkte Auswirkungen auf die Arbeitszufriedenheit und die intrinsische Arbeitsmotivation. Je näher die fünf Aufgabenmerkmale an den Bedürfnissen der Mitarbeiter ausgelegt sind, desto höher fällt die Arbeitszufriedenheit aus. Auf Grund dieser von Hackman und Oldham (1980) gewonnen Erkenntnisse, sollen die fünf Aufgabenmerkmale auf den Fall Crowdsourcing übertragen werden. Von den Crowdsourcing Plattformen bereitgestellte Aufgaben sollten falls möglich, mit den folgenden fünf Aufgabenmerkmalen ausgestattet sein.

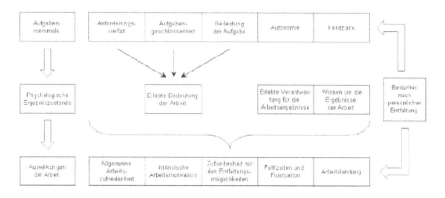

Abbildung 2: Aufbau des Job Characteristics Model

Quelle: Joraschkewitz et al. (2009)

Die **Anforderungsvielfalt** (skill variety) bezieht sich auf die Vielfalt der unterschiedlichen Tätigkeiten, die bei der Bearbeitung einer Aufgabe anfallen. Damit einher geht auch ein Anstieg der benötigten Fertigkeiten und Fähigkeiten, die zur Aufgabenbewältigung benötigt werden. Je mehr unterschiedliche Tätigkeiten bei der Aufgabenbearbeitung anfallen, desto abwechslungsreicher und umso eher empfindet der Teilnehmer die Aufgabe als befriedigend. Crowdsourcees sollten in der Lage sein, nicht immer nur Aufgaben mit gleichem Tätigkeitsschwerpunkt durchzuführen, sondern die bereitgestellten Aufgaben sollten reich an Abwechslung sein. Wichtig ist, dass die benötigten Fähigkeiten für eine Crowdsourcing Initiative bereits im Vorfeld für den Crowdsourcee klar ersichtlich sind. Dadurch soll sichergestellt werden, dass die Anforderungen einer Aufgabe nicht die Fähigkeiten und Fertigkeiten eines Crowdsourcee übersteigen, damit diesem noch möglich ist, einen maximalen Glückszustand bei der Bearbeitung der Aufgabe zu erreichen. Außerdem sollte die Crowdsourcing Plattform nicht immer nur Aufgaben des gleichen Typs, sondern regelmäßig sich unterscheidbare Aufgaben bereitstellen. Die bereitgestellten Aufgaben sollten bei der Bearbeitung, jeweils unterschiedliche geistige, soziale und motorische Fertigkeiten und Fähigkeiten erfordern.

Die **Ganzheitlichkeit der Aufgabe** (task identity) steht für die vollständige Sicht von Anfang bis zum Ende auf dem Arbeitsprozess. Es bezeichnet das Ausmaß bei dem es dem Mitarbeiter gestattet ist, an einer Aufgabe von Anfang bis zum Ende mitzuarbeiten. Die vollständige Sicht auf eine Aufgabe, beeinflusst vor allem die Arbeitsleistung positiv (Fried, Ferris 1987). Dem Crowdsourcee sollte es soweit wie möglich frei zustehen, an den einzelnen Aufgabenpaketen einer Aufgabe mitzuarbeiten oder diese eigenständig zu bearbeiten. Ist die Möglichkeit nicht gegeben, sollte ein Crowdsourcee eine Aufgabe wenigstens in seiner Gesamtheit erleben können. Hierzu sollten dem Crowdsourcee die vor- und nachgelagerten Aufgabenpakete aufgezeigt werden. Auf diese Weise erhält ein Crowdsourcee ein besseres Verständnis für die Gesamtaufgabe. Die geforderten Outputs der einzelnen Arbeitspakete, sollten für die Crowdsourcees beschrieben und einsehbar sein.

Die **Bedeutsamkeit der Aufgabe** (task significance) bezeichnet die Auswirkung, die eine Aufgabe auf andere Personen, Organisationen oder Institutionen hat. Je bedeutender der eigene Beitrag für die Arbeit oder das Leben anderer Personen ist, umso mehr strengen sich Mitarbeiter bei der Bearbeitung einer Aufgabe an. Ein Mitarbeiter ist bei der Bearbeitung einer Aufgabe zufriedener, wenn ihm die Vorstellung eingeräumt wird, dass sein Beitrag zum Wohle anderer dient. Im umgekehrten Fall sind Mitarbeiter unzufriedener, wenn ihnen die Konsequenzen ihrer Arbeit nicht ausreichend bekannt sind. Hieraus lässt sich für das Crowdsourcing ableiten, dass in der Aufgabenbeschreibung darauf eingegangen werden sollte, wie bedeutend die Aufgabe für nachgelagerte Akteure oder für den gesamten Projekterfolg ist.

Autonomie (autonomy) steht für das Ausmaß der gewährten Entscheidungsfreiheit und des Spielraums. Je mehr Autonomie bei der Bearbeitung einer Aufgabe den Mitarbeitern gewährt wird, desto höher fällt die erlebte Verantwortung aus. Ziel ist es, dass sich die Mitarbeiter für den Erfolg oder Misserfolg von Aufgaben selbst verantwortlich fühlen. Übertragen auf den Fall Crowdsourcing bedeutet das, dass Crowdsourcees es frei zustehen sollte, die Aufgaben zu bearbeiten die sie möchten und wann sie es möchten. Dementsprechend sollte eine Autonomieeinschränkung in einem nicht zu starkem Ausmaß stattfinden. Denn dies kann zu einer Verringerung der Leistungsmotivation seitens der Crowdsourcees führen. Daher ist es wichtig, dass Governance Mechanismen die Crowdsourcees nicht in ihrer Autonomie beschränken. Vielmehr sollten die einzusetzenden Mechanismen unterstützend wirken. Indem diese dem Crowdsourcee Hilfestellung während der Bearbeitung einer Aufgabe leisten. Desweiteren sollten die Mechanismen den Crowdsourcees die Entscheidungsfreiheit gewähren, auf Grundlage seiner eigenen Interessen, Motiven und Fähigkeiten selbstständig Aufgaben zur Bearbeitung auszuwählen (O´Mahony 2007, 148).

Feedback (job feedback) sollte aus der Arbeit selbst heraus erfolgen und Rückschlüsse auf die Güte der eigenen Arbeitsausführung zulassen. Anhand dieser Rückmeldung, kann ein Mitarbeiter die Effizienz seiner Handlung halbwegs objektiv einschätzen, um daraus für sich Handlungsbedarf abzuleiten. Feedback kann der Crowdsourcee dabei auf zwei unterschiedlichen Arten erhalten. Zum einen, vollständig automatisiert aus der Aufgabe direkt heraus. Hierzu kann beispielsweise die durchschnittliche Zeit, die zur Bearbeitung einer Aufgabe benötigt wird, berechnet und angezeigt werden. In Verbindung mit der durchschnittlichen Bearbeitungszeit anderer Crowdsourcees, ist ein Crowdsourcee anschließend in der Lage, die eigene Leistung zu bewerten. Zum anderen, können Crowdsourcees Feedback von der Plattform selbst oder dem Crowdsourcer erhalten, z. B. in

Form eines Punkte-Scores zur Arbeitszufriedenheit. Eine Rückmeldung in Form eines Schreibens, kann zusätzlich die Bedeutsamkeit der eingereichten Lösung für nachgelagerte Arbeitsphasen unterstreichen. Wichtig ist, dass ein Crowdsourcee ein Bewusstsein dafür entwickelt, wie effektiv dieser Aufgaben bearbeitet.

Die ersten drei Merkmale, Anforderungsvielfalt, Ganzheitlichkeit der Aufgabe und Bedeutsamkeit der Aufgabe, beeinflussen wie wichtig eine Aufgabe erlebt wird. Diese drei Arbeitsmerkmale sind dafür verantwortlich, dass die Arbeit im Wertesystem des Crowdsourcees einen gewissen Stellenwert einnimmt. Im Unterschied zu den letzten beiden Aufgabenmerkmalen, die für sich alleine stehen, beeinflussen sich die ersten drei Aufgabenmerkmale gegenseitig. Ferner hat die weiterführende Forschung zum JCM ergeben, dass die intrinsische Motivation einen hohen Bezug zu den Aufgabenmerkmalen, Bedeutsamkeit, Autonomie und Rückmeldung, aufweist (Fried, Ferris 1987). Vor allem der Grad erlebter Autonomie, ist für die intrinsische Motivation von besonderer Bedeutung. Weiterhin erhöht eine positive Rückmeldung über die eigenen Leistungen die intrinsische Motivation. Im umgekehrten Fall, reduziert eine Rückmeldung mit negativer Nachricht, diese wiederum (Ryan, Deci, 2000).

3.5 Optimale Hierarchiestruktur

In OS-Projekten wird mittels sozialer Kontrolle das Verhalten der Teilnehmer gezielt durch die Gruppe in die gewünschte Richtung gelenkt. Unter dem Begriff soziale Kontrolle, werden Prozesse und Mechanismen zusammengefasst, mit deren Hilfe versucht wird, einzelne Teilnehmer innerhalb der Gruppe zu steuern (Fuchs-Heinritz et al. 2010). In kleinen Gruppen kann die soziale Kontrolle wirksamer angewandt werden, als in Gruppen mit sehr großer Teilnehmerzahl. In kleineren Gruppen sind Beiträge eines Teilnehmers für jeden anderen in der Gruppe transparent ersichtlich und können leicht nachverfolgt werden. Gruppen mit vielen Teilnehmern weisen im Gegensatz hierzu oft das Problem der Trittbrettfahrer-Problematik auf, bei dem ein Individuum an einem erstellten Gut mitverdient. Im Gegensatz hierzu aber von diesem selbst, keine ausreichenden Beiträge zur Erstellung geleistet wurden. Nach Olson (1965) möchten eigennutzmaximierende Individuen aus rationellen Gründen nicht die Kosten für die Erstellung eines Gutes übernehmen. Um dieser Problematik entgegenzuwirken, sollen nach Olson (1965) zusätzliche selektive Belohnungen, wie z. B. Beförderungen zum Einsatz kommen. Zusätzlich hierzu sollten aber auch Sanktionen erlassen werden. Belohnungen und Sanktionen können innerhalb von Hierarchiestrukturen vergeben werden. Desweiteren kann eine effektive Hierarchiestruktur der Trittbrettfahrer-Problematik entgegenwirken sowie die Kommunikation und Koordination innerhalb der Gruppe erleichtern. Durch eine ineffiziente Kommunikation und Koordination bei Gruppeninteraktionen, kann es zu erhöhten Informations- und Transaktionskosten kommen.

Erhöhte Informations- und Transaktionskosten wirken sich negativ auf die Motivation der Beitragssteller aus. Die Notwendigkeit zur Etablierung von Hierarchien, ergibt sich erst bei ansteigender Projektkomplexität und Mitgliederzahl (Achtenhagen et al. 2003).

Hierarchiestrukturen können sowohl in traditionellen Unternehmen, als auch in OS-Projekten beobachtet werden. Hierarchien werden hierbei als eine Art Steuerungsinstrument eingesetzt. Hierarchiestrukturen, wie diese meist in traditionellen Unternehmen zum Einsatz kommen, sind fest vorgegeben und mit mehreren von außen, bereits bestimmten Führungspersonen besetzt. Hierarchiestrukturen im Falle von Crowdsourcing, sollten sich an die Bedürfnisse einer Initiative ausrichten und über das Führungspersonal sollte die Crowd selbst abstimmen dürfen. Denn eine zu feste formale hierarchische Struktur, kann auf das Autonomiegefühl einen negativen Einfluss ausüben und das wiederum führt zu einer Verringerung der intrinsische Motivation (Osterloh et al. 2004).

Eine Hierarchiestruktur in Crowdsourcing Projekten sollte einerseits dazu beitragen, die Motivation zu steigern und andererseits nicht dazu führen, die Autonomie zu stark einzuschränken. Anhand dieser beiden Überlegungen erscheint eine Hierarchiestruktur nach dem Prinzip der Meritokratie von Michael Young (1958) am geeignetsten für Crowdsourcing Projekte. Mit Meritokratie wird eine Herrschaftsordnung bezeichnet, bei dem der Entscheider bzw. die Entscheider mittels ihrer Leistung ausgewählt werden. Für Crowdsourcing Projekte bedeutet das, dass im Idealfall jeder Crowdsourcee die Position in einem Projekt einnimmt, die dieser durch die bisherigen Leistungen tatsächlich verdient hat.

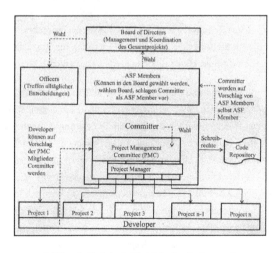

Abbildung 3: Meritokratie-Modell der Apache-Community

Quelle: Stieglitz 2009, 166

Das Prinzip der Meritokratie in einer Hierarchiestruktur findet in der Apache Software Foundation (ASF) Anwendung, siehe Abbildung 3. Der Aufstieg in die verschiedenen Hierarchieebenen basiert auf stattfindenden Wahlen. An der Hierarchiespitze steht das „Board of Directors". Die Hauptaufgaben dieses Boards sind das Management und die Koordination von Geschäftsaktivitäten der Organisation. Mitglieder des „Project Management Committee" (PMC) leiten einzelne (Teil-) Projekte bzw. treffen Entscheidungen hinsichtlich der Ausrichtung und dem Zusammenhalt der Apache-Community. Neben diesen beiden Gremien, werden unter anderem die weiteren Rollen definiert:

- Officer werden vom Board of Directors gewählt und treffen Entscheidungen zu alltäglichen auftauchenden Problemen.
- User sind Personen, die Apache Software nutzen und Rückmeldungen in Form von Fehlermeldungen sowie anderen Kritikpunkten geben.
- Developer und Contributors sind User, die in Form von Programmierung oder Dokumentation an einem Apache-Projekt partizipieren. Developer mit speziellen Privilegien, wie z. B. Schreibrechte am Code-Repository und eigener E-Mail-Adresse, werden als Committer bezeichnet.

Die einzelnen Rollen und Führungspersonen werden bei dieser Hierarchiestruktur nach festen, bereits vorher definierten Prozessen und Regeln durch die Teilnehmer legitimiert. Hierarchiestrukturen sind in einem hohen Ausmaß von der Akzeptanz der Gesamtheit der Teilnehmer abhängig. Der Organisationsaufbau der ASF basiert auf einem dreizehn Artikel umfassenden Regelwerk, welches die Grundsätze, die Rechte und Aufgaben der einzelnen Rollen festlegt. Ein solches Regelwerk sollten auch Crowdsourcing Intermediäre verfassen. In diesem Regelwerk sollten nicht nur die Rechte und Aufgaben der einzelnen Rollen, sondern auch die generellen Vorteile einer Hierarchisierung erläutert werden.

Die eben getätigten Erkenntnisse zu Hierarchiestrukturen, können nun in den Fall Crowdsourcing überführt werden. Wie bereits erläutert, sind die einzelnen Hierarchieebenen mit Rechten, aber auch Pflichten verbunden. Der Erhalt bestimmter Rechte kann als Privileg und Belohnung für vorherige Leistungen verstanden werden und hierdurch motivationssteigernd wirken. Um die intrinsische Motivation zu steigern, sollten sich die Mitglieder an den Entscheidungsprozessen beteiligen. Auch sollte die Hierarchie flach ausfallen, d. h. es sollten nicht zu viele Hierarchiestufen eingeführt werden. Die Motivation kann durch eine höhere Reputation mittels Rangbezeichnung oder durch in den einzelnen Hierarchiestufen zusätzliche einhergehende Rechte, wie z. B. erhalt einer eigene E-Mail-Adresse, gesteigert werden. Wie bereits in Kapitel 3.2 gezeigt, liegt der Schwerpunkt der meisten Plattformen auf der monetären Vergütung. Hierdurch kommt die Vermutung nahe, dass die meisten Crowdsourcees monetär motiviert sind. Aus diesem Grund sollte die Vergütung, mit jedem Aufstieg der Hierarchiestufe, etwas höher ausfallen. Die einzelnen

Hierarchiestufen mit den dazugehörigen Rechten und Pflichten sollten für die Teilnehmer Transparent dargestellt werden. Hierzu gehört vor allem die Staffelung der Vergütung in den einzelnen Hierarchieebenen. In Projekten in denen ein Führer benötigt wird, sollte dieser von den Mitgliedern der Gruppe selbst gewählt werden. Dadurch wird sichergestellt, dass das Autonomiegefühl nicht leidet und die Akzeptanz des Führers innerhalb der Gruppe gegeben ist. Um dem Trittbrettfahrerproblem entgegen zu treten, sollte es möglich sein, einzelne Personen innerhalb einer Wahlentscheidung zu sanktionieren oder komplett aus dem Projekt zu sperren.

3.6 Governance Mechanismen

Nachdem eine für das Crowdsourcing optimale Hierarchiestruktur bestimmt sowie auf die Gestaltung der Aufgaben mittels JCM eingegangen wurde, können nun die bereits in der Tabelle 1 identifizierten Governance Mechanismen einer näheren Betrachtung unterzogen werden. Diese Reihenfolge wurde dabei bewusst gewählt, denn infolge der in dieser Arbeit bisher getätigten Erkenntnisse, sollte eine Crowdsourcing Plattform, bevor diese gezielt Steuerungs- und Kontrollmechanismen implementiert, sich der optimalen Gestaltung der Initiativen widmen. Ziel sollte es sein, Crowdsourcing Initiativen so zu gestalten, dass die Crowdsourcees von sich aus Aufgaben bestmöglich bearbeiten. Das selbige gilt für die Hierarchiestruktur. Eine an die Bedürfnisse der Crowdsourcees angepasste Hierarchiestruktur wirkt unterstützend auf die Kommunikation und Koordination innerhalb der Crowd. Insofern diesen beiden Empfehlungen Rechnung getragen wird, kann erreicht werden, dass Steuerungs- und Kontrollmechanismen in einem nicht zu starken Ausmaß zum Einsatz kommen müssen.

3.6.1 Governance Mechanismen zur Akquisition und Selektion

An OS-Projekten kann gewöhnlich jeder, der möchte, mit partizipieren. Daher konnten in der Literatur einige Governace Mechanismen zur Akquisition und Selektion von neuen Teilnehmern identifiziert werden. Diese dienen einerseits dazu, um neue Teilnehmer zur Mitarbeit an Projekten zu begeistern und andererseits um der Gefahr entgegenzuwirken, dass nicht geeignete Crowdsourcess zum Projekt zugelassen werden.

Teilnehmerrekrutierung

Nach Stürmer und Myrach (2006) beeinflussen vielseitige und ausführliche Dokumentationen die Eintrittsmotivation potentieller Teilnehmer. Daher sollte ein klarer Dokumentationsleitfaden in Form von Tutorials und Handbüchern bereitgestellt werden. Der

Leitfaden sollte einen leichten Zugang in das Projekt und das Softwareprogramm ermöglichen. Infolgedessen muss der Leitfaden zweckmäßig strukturiert, kurz und leicht verständlich sein. Das Mozilla Developer Network stellt potenziellen Teilnehmern, die zwar Interesse an der Mitarbeit an dem Projekt, aber noch nicht die erforderlichen Fertigkeiten aufweisen, webbasierte Programme bzw. Tutorials kostenfrei zur Verfügung. Anhand dieser können sich die potenziellen Teilnehmer die erforderlichen Fertigkeiten selbstständig aneignen und sind dann in der Lage an den Projekten zu partizipieren.

Lokale Treffen und Events oder anderweitige physische Begegnungen nehmen nach Achtenhagen et al. (2003, 462) sowie Stürmer und Myrach (2006) eine bedeutende Rolle in der Gewinnung zukünftiger Teilnehmer ein. Potentielle Teilnehmer erfahren mehr über ein Projekt und dadurch wird ihr Interesse geweckt.

Neu angemeldete Teilnehmer bei Wikipedia erhalten nach dem ersten erstellten Beitrag eine E-Mail. In dieser E-Mail wird der neue Teilnehmer von einem bestehenden Teilnehmer freundlich begrüßt. Der Sinn dieser Nachricht besteht darin, dem neuen Teilnehmer ein Zugehörigkeitsgefühl zu vermitteln. Dadurch soll dieser zu weiteren Beiträgen animiert werden (Stegbauer 2009, 101-102).

Teilnehmerselektion

Nachdem potentielle Teilnehmer rekrutiert wurden, sollte die Spreu vom Weizen getrennt werden. Teilnehmer, die anhand ihrer Arbeitsleistung, Motivation oder den vorhandenen Fähigkeiten nicht in das Projekt passen, sollten nicht an diesem mitarbeiten dürfen. Je nachdem welches OS-Projekt betrachtet wird, können die unterschiedlichsten Mechanismen identifiziert werden, wie neue Teilnehmer zu selektieren sind.

In der Apache Software Foundation wird den neuen Teilnehmern für mehrere Monate gestattet, an einem Projekt teilzunehmen. Nach dieser Probezeit stimmen die Mitglieder der sog. Core Apache Foundation darüber ab, ob eine formale Mitgliedschaft in Frage kommt (Markus et al. 2000).

Ähnlich verläuft es bei den beiden OS-Projekten Mozilla und FreeBSD. Auch hier muss sich ein potentiell neuer Teilnehmer erst einmal vor den sich bereits länger betätigenden Mitgliedern beweisen. Ein neuer Teilnehmer muss seine Programmierkenntnisse sowie seine zwischenmenschlichen Fähigkeiten unter Beweis stellen und das Interesse an dem Projekt bekunden. Während dieser Art Probezeit, lernt der potentiell neue Teilnehmer die Projektprozeduren, Rituale und die Kultur näher kennen (Holck, Jørgenson 2013).

In dem OS-Projekt Debian wird vom Komitee ein vierstufiger Prozess mit den Phasen Erstkontakt, Überprüfung der Identifikation, Probearbeit und die Akzeptanz vorgeschlagen.

Bei dem Erstkontakt sollte es sich, wenn möglich, um ein Telefoninterview handeln. Dies dient dazu, um den potentiellen Teilnehmer besser kennen zu lernen und an diesen etwaige Fragen zu stellen. Die Identifikation dient dazu, um sicherzugehen, dass die Person auch wirklich existiert. Hierbei kommen soziale und technische Mechanismen, wie beispielsweise der GNU Privacy Guard (GPG), zum Einsatz. Mittels der Probearbeit können sich die Bewerber beweisen. In der Probearbeit wird überprüft, ob ein potentiell neuer Teilnehmer über genügend technische Kompetenz, Wissen über organisatorische Prozeduren, Kollegialität, und Engagement verfügt. Desweiteren wird die philosophische Übereinstimmung mit den Grundsätzen des Projekts getestet. Einen hohen Stellenwert wird der philosophischen Übereinstimmung beigemessen. Der potentielle Teilnehmer sollte den Zweck des OS-Projekts Debian und dem Sinn von freier Software verstanden haben. Auch wird hier über das Debian System gelehrt und bei Bedarf Hilfestellung gegeben. Der Bewerber muss einen existierenden Sponsor finden, der mit ihm den ganzen Prozess durchläuft. Besteht ein potentiell neuer Teilnehmer die Probearbeit, wird dieser akzeptiert und kann an einem Projekt mitarbeiten. (Coleman, Hill 2005, 284-287; Ferraro, O´Mahony 2009, 23-26).

3.6.2 Governance Mechanismen zur Steuerung- und Kontrolle

Wie bereits eingangs beschrieben, wird bei der Bearbeitung von Aufgaben zwischen einem integrativen und einem wettbewerbsbasierten Vorgehen unterschieden. Bei der wettbewerbsbasierten Arbeitsform muss für die Crowd transparent dargestellt werden, wie der Gewinnerbeitrag ausgewählt wird. Zwei der nachfolgend identifizierten Steuerungsmechanismen, entfalten vor allem bei Crowdsourcing Initiativen, die der Arbeitsform Wettbewerb angehören, eine starke Wirkung. Beide Steuerungsmechanismen zielen dabei auf die extrinsischen Motive der Crowdsourcees ab. Bei diesen Mechanismen handelt es sich um Reputation, sowie zu vergebene (Sach-) Preise. Dabei konnte Reputation als ein wesentlicher Anreiz zur Mitarbeit an OS-Projekten identifiziert werden. Reputation stellt eine Entlohnungsform dar, die Crowdsourcees auf Grund erbrachter Arbeitsbeiträge erhalten. Ein erarbeiteter Reputationsgrad sollte für offen erkennbares Fehlverhalten wieder entzogen werden. Hierbei wird von „flaming" gesprochen. Der Anreiz zur Erlangung von Reputation kann gesteigert werden, wenn der Grad dieser transparent vergeben und kommuniziert wird. Hierzu ist es sinnvoll, frei zugängliche Regeln und Systeme zu konstruieren, um bewusst auf den Wettbewerb unter den Beitragsleistern zur Erlangung möglichst hoher Reputationen abzuzielen. Das Ausschreiben von konkreten Preisen und Privilegien für das Erfüllen von bestimmten Aufgaben, ist eine weitere Möglichkeit, die Crowdsourcees zu steuern. Der Wettbewerbscharakter ist in diesen beiden Fällen sehr stark und zielt darauf ab, bessere Leistungen als andere Crowdsourcees zu erbringen. Die restlichen der identifizierten Steuerungs- und Kontrollmechanismen sind, sowohl für die integrative, als auch für die wettbewerbsbasierte Arbeitsform geeignet.

Treffen, Events

Bei Wikipedia werden die über die Plattform entstehenden Beziehungen in Form von Treffen gepflegt und vertieft. Bei diesen Treffen kann jeder teilnehmen und häufig dienen diese zum gegenseitigen Kennenlernen der Teilnehmer. Diese werden innerhalb der Wikipedia-Organisationsöffentlichkeit angekündigt. Stegbauer et al. (2009) konnten in ihrer Arbeit herausfinden, dass 60 % der Teilnehmer nach einem Treffen ihre Aktivitäten verringerten. Desweiteren konnte festgestellt werden, dass die Teilnehmer die zu den Administratoren ernannt wurden, die Aktivitäten nach einem Treffen im Durchschnitt erhöhten. Bei Teilnehmern, die bereits auf mindestens drei Treffen anwesend waren, erhöhte sich bei 58 % der Teilnehmer im Folgemonat die Aktivität der Beiträge. Die Autoren konnten feststellen, dass sich in der Mehrzahl der Fälle das Aktivitätsniveau der Teilnehmer nach dem persönlichen Kennenlernen mit anderen Communitymitgliedern verringerte. Die Autoren führen dies darauf zurück, dass es nicht jedem neuen Teilnehmer gelingt, Anschluss zu finden. Anders ergeht es den neuen Teilnehmern, bei denen die erste Teilnahme zur Aufnahme in die Community führt. Diese zeigten im Anschluss ein höheres Engagement.

Die Schaffung und Überprüfung ähnlicher Wertvorstellungen kann durch Rituale oder Zeremonien erfolgen, wie dies beispielsweise bei regelmäßigen Treffen der Linux Communitymitgliedern erfolgt (Lattemann, Stieglitz 2005, 7-8).

Rituale, Kodizes

Nach Wilson (2001) sind Rituale ein wesentlicher Aspekt für die Entwicklung einer Communitykultur (Winkler, Mandl 2004). Spezialisierte soziale Normen und Rahmenbedingungen sind in der Lage, die Entstehung von Vertrauen innerhalb der Community von Organisationen zu unterstützen. Diese müssen von allen Teilnehmern eines Projekts akzeptiert werden und beinhalten organisatorische sowie ethische Richtlinien. Aus diesen Gründen entwerfen OS-Projekte Ethik Kodizes oder Satzungen, wie beispielsweise die "Bylaws of the Apache Software Foundation" und die "Linux Membership Rules". Durch diese Verhaltensrichtlinien soll ein gemeinsames Gefühl der Identifikation geschaffen und gewährleistet werden (Lattemann, Stieglitz 2005, 7-8). Rituale und Verhaltensregeln dienen nicht nur zur Entstehung von Vertrauen und zur Identifikation des Projekts. Nach Bonaccorsi, Rossi (2003, 1246 ff.) sind Projektrichtlinien und Koordinierungsmechanismen auf Grundlage gemeinsamer Kommunikationsprotokolle, einer von den Teilnehmern anerkannten Führung, wichtige Faktoren für den Lebenszyklus eines erfolgreichen OS-Projekts. Die Kommunikationsprotokolle, die von den Entwicklern geteilt werden, sind in den meisten Fällen in der Lage, einen gut strukturierten Fluss an Beiträgen zu produzieren. Zusätzlich hierzu wirken gemeinsame Verhaltensregeln unterstützend bei der Aufgabenbearbeitung. Die meisten OS-Projekte beinhalten Konventionen, denen alle Teilnehmer folgen müssen. In diesen wird beispielsweise beschrieben, wie die Entsendung von Nachrichten auf Mailinglisten oder die Mitteilung neuer Fragen an andere Teilnehmer zu erfolgen hat. Diese Regeln werden von den Teilnehmern in den OS-Projekten allgemein akzeptiert. Beim OS-Projekt Debian werden diese Regeln niedergeschrieben und jedem Teilnehmer zur Verfügung gestellt.

Modularisierung

In vielen Literaturstudien hinsichtlich angewandter Governance Mechanismen in OS-Projekten, wurde der Modularisierung ein hoher Stellenwert beigemessen. Laat (2007) sowie Markus et al. (2000) geben an, dass die meisten OS-Projekte in kleinere Einheiten bzw. Module aufgeteilt werden. Diese einzelnen Module können daraufhin von einzelnen Teilnehmern oder einer ganzen Gruppen bearbeitet werden. Vor allem in OS-Projekten in denen eine hohe Anzahl von Teilnehmern beobachtet werden kann, wird ein komplexes Softwareprogramm in mehrere kleinere Module unterteilt. In einer empirischen Studie konnten auch Koch und Schneider (2010) einen hohen Grad an Arbeitsteilung in OS-Projekten bestätigen. Das OS-Projekt Apache beispielsweise, umfasst derzeit etwa zwanzig verschiedene Softwareprojekte (Lattemann, Stieglitz 2005, 8). Durch die Modularisierung von (Software-) Projekten, werden die unterschiedlichsten Zielsetzungen verfolgt. Ein Zweck besteht darin, dass durch die Ausnutzung der speziellen Fähigkeiten der Teilnehmer, diese bestimmte Teilaufgaben besser erledigen können. (Achtenhagen et al. 2003, 462-463). Hierdurch werden auch die Kosten für die einzelnen Beiträge gesenkt, da die Teilnehmer i. d. R. auf bestimmte Module bzw. Teilprojekte spezialisiert sind. Auch fällt die Koordination und Kommunikation zwischen den Teilnehmen weniger zeitaufwändig aus, da sich die Interaktionen zwischen ihnen auf eine kleinere Teilnehmerzahl in dem jeweiligen Teilprojekt beschränkt (Frank, Jungwirth 2003, 417). In der Softwareentwicklung ist bereits seit längerem bekannt, dass sich durch die Modularisierung, die Verständlichkeit und Flexibilität des Quellcodes, erhöht. Folglich verringert sich der Aufwand bei einer ggf. notwendigen Veränderung oder Weiterentwicklung. Aufgrund der leichteren Verständlichkeit, werden die Eintrittsbarrieren für neue Programmierer gesenkt (Stürmer, Myrach 2006).

Rollenverteilung

In einem OS-Projekt fallen unterschiedliche Aufgabenbündel an. Zur Bearbeitung dieser Aufgabenbündel, müssen die Teilnehmer über bestimmte Fähigkeiten verfügen. Damit ein Teilnehmer nicht (versehentlich) Aufgaben bearbeitet, über die er nicht über die erforderlichen Fähigkeiten verfügt, bestehen Zugangsbeschränkungen zu einzelnen Projektdateien. Der Zugang zu den Projektdateien erfolgt anhand von Rollenzuweisungen. Je nach Projekt und Projektgröße, kann die Anzahl an Rollen variieren. Zum Beispiel kann die Rolle eines Programmierers, eines Übersetzers und eines Bugfixers eingeführt werden (Laat 2007). Dillenbourg, Poirier und Charles (2002) geben an, dass die Entwicklung sozialer Rollen im Rahmen einer virtuellen Community einer der Aspekte ist, die die soziale Struktur der Community prägt.

Reputationslisten

Die Motivation der Teilnehmer kann mit Hilfe von sog. Reputationslisten gesteigert werden. Reputationslisten veröffentlichen alle bisherigen Arbeitsleistungen eines Teilnehmers. Zum Beispiel werden die Programmier- oder Bugfix-Leistungen eines Teilnehmers auf einer extra hierfür erstellten Seite aufgelistet. Diese Listen sollen die Reputation eines Teilnehmers innerhalb, aber auch außerhalb, eines Projekts erhöhen (Lattemann, Stieglitz 2005, 8).

Peer Review von Beiträgen

In Linux wird die Arbeit anhand eines Peer-Reviews kontrolliert. Bei einem Peer-Review beurteilen unabhängige Teilnehmer aus dem gleichen Projekt, den einzureichenden Beitrag von einem anderen Teilnehmer. Darüber hinaus erfolgt immer noch eine abschließende Kontrolle durch den Torvalds oder die von ihm beauftragten Leutnants. Der Torvalds und die Leutnants gehören dem Führungspersonal der Linux-Community an (Achtenhagen et al. 2003, 467).

Informations- und Kommunikationstechnologien

Es muss sichergestellt werden, dass die weltweit verteilten virtuellen Teilnehmer eines OS-Projekts effektiv miteinander diskutieren, kommunizieren und arbeiten können. Bestehende Informationsasymmetrien müssen beseitigt und die Transparenz innerhalb der Organisation muss gewährleistet werden. Aus diesen genannten Gründen, setzen OS-Projekte eine Vielzahl unterschiedlichster Werkzeuge ein. Hierzu gehören unter anderem Kommunikationstools wie Chatrooms, Mailinglisten und Nachrichtenarchive. Beispielsweise erfolgt die Kommunikation innerhalb der LINUX-Community hauptsächlich über Mailinglisten (Achtenhagen et al. 2003, 467). Dadurch, dass die Linux-Kernel-Mailingliste das zentrale Organisationsforum für die Entwickler ist, ist es erforderlich, dass potentielle Teilnehmer eine klare Vorstellung davon haben, wie diese in diese Liste aufgenommen werden können. Für diesen Fall wurde ein FAQ erstellt. Bei einem FAQ handelt es sich um ein Dokument, auf dem die Regeln für Entwickler, aber vor allem für Neueinsteiger, niedergeschrieben sind. Dort wird unter anderem auf die folgenden Fragen eine Antwort gegeben: „Wie kann ich einen Patch erstellen?" oder „Wie kann ich den von mir erstellten Patch in den Linux-Kernel integrieren?". Desweiteren werden in dem FAQ auch die Werte und Normen der Linux-Community bekräftigt (Moon, Sproull 2000). Kommunikationstools fördern die Transparenz innerhalb eines OS-Projekts und helfen dabei Vertrauen zwischen den Teilnehmern aufzubauen (Laat 2007; Lattemann, Stieglitz 2005). Neben diesen Kommunikationstools existieren weitere Instrumente, die die kollaborative Zusammenarbeit unterstützen. Um die Standardisierung des Quellcodes in der Softwareentwicklung zu gewährleisten, wird auf Coding Guides zurückgegriffen. Diese Coding Guides beinhalten Regeln, nach denen der Quellcode erstellt werden sollte und dienen der Qualitätssicherung (Achtenhagen et al. 2003, 467). Votingsysteme werden eingesetzt, um die Abstimmung von Entscheidungen zu erleichtern (Sharma et al. 2002, 13). Instrumente wie Bugzilla, standardisieren das Bug Reporting in der Softwareentwicklung. Versionsverwaltungssysteme, wie das Concurrent Versions System (CVS) und GIT, erleichtern die verteilte Zusammenarbeit an einem Projekt. Mit Hilfe dieser Systeme lassen sich alle Änderungen von Dateien zurückverfolgen. Ältere Dateiversionen bleiben für jeden zugänglich, wodurch es immer möglich ist, bei Problemen oder Fehlern auf ältere Dateiversion zuzugreifen (Holck, Jørgensen 2003). Laat (2007) attestiert, dass unter anderem diese eben genannten Instrumente, für eine reibungslose Zusammenarbeit in OS-Projekten verantwortlich sind.

3.6.3 Governance Mechanismen zur kooperativen Zusammenarbeit

Üblicherweise erfolgt in OS-Projekten, im Gegensatz zu traditionellen Unternehmen, keine formalisierte Überwachung geleisteter Arbeitsbeiträge durch eine hierarchisch übergeordnete Führungsstruktur. Verhaltens- und Outputkontrollen wie diese in traditionellen Unternehmen Anwendung finden, sind zumeist in OS-Projekten nur schwer umsetzbar. Die Bewertung der geleisteten Beiträge findet vielmehr auf kooperativer Basis durch die Gemeinschaft der partizipierenden Teilnehmer statt. Dies erfolgt beispielsweise durch ein permanentes Bewerten und Begutachten von Beiträgen durch die im Projekt engagierten Teilnehmer. Die sog. soziale Kontrolle, die auf dem Konzept des Vertrauens aufbaut, findet vor allem in OS-Projekten Anwendung. Die Teilnehmer vertrauen darauf, dass ihre Beiträge in das Projekt einfließen. Dieses Vertrauen kann durch soziale Normen und institutionelle Rahmenbedingungen gezielt gefördert werden. Einen Beitrag hierzu leistet das Erarbeiten und Veröffentlichen gemeinsamer Werte und Zielvorstellungen. Zu diesem Zweck führen OS-Projekte einen (Verhaltens-) Kodex ein, der der Kommunikation von Normen zwischen den Teilnehmern dient. Persönliche Treffen zwischen den Teilnehmern führen zu einer Steigerung des kooperativen Verhaltens innerhalb eines Projekts. Dies gilt ebenfalls für gezielte Informations- und Kommunikationstechnologien, die das gemeinsame Arbeiten, Bewerten und Kommentieren von Leistungsbeiträgen zwischen den Teilnehmern erleichtern.

Entscheidung über den Projektführer

Im Gegensatz zu kleineren Projekten und Aufgaben, die von einem einzelnen oder wenigen Teilnehmern erledigt werden können, ist es bei größeren Projekten meist erforderlich, dass ein Projektleiter administrative Tätigkeiten und Koordinationsaufgaben übernimmt. Es ist von entscheidender Bedeutung, dass der Führer von allen Teilnehmern ausreichend hohe Akzeptanz und eine hohe Reputation innerhalb des OS-Projekts genießt. Je nach OS-Projekt ermächtigt sich der Projektleiter entweder selbst oder dieser wird anhand einer demokratischen Abstimmung vonseiten der Teilnehmer gewählt. Bei dem OS-Projekt Apache, werden die Board Mitglieder von den Foundation Mitgliedern gewählt. Mitglieder die nachhaltig hoch angesehene Beiträge in einem oder mehreren Foundation-Projekte leisten, können sich zur Wahl stellen (Lattemann, Stieglitz 2005, 6). Ein weiterer ebenfalls beobachteter demokratischer Prozess ist im OS-Projekt Debian zu beobachten. Der Projektleiter wird bei diesem Projekt jährlich von den Entwicklern gewählt. Ähnliche demokratische Prozesse können bei den OS-Projekten freeBSD und Netbeans beobachtet werden. Im Gegensatz hierzu, herrscht im OS-Projekt Linux, ein autokratischer Führungsstil. Die Linux Torvalds, die das Projekt initiiert haben, sind seitdem, zumindest für den Kernel, die Projektleiter geblieben. Ähnlich verläuft es bei den OS-Projekten Perl und Mozilla. Bei diesen beiden OS-Projekten wählen sich die Komitees, die zum Führungspersonal gehören, selbst aus (Laat 2007).

Entscheidungsfindung

In OS-Projekten müssen in vielen Fällen Entscheidungen getroffen werden. Die Entscheidungsfindung kann hierbei entweder zentralisiert oder dezentralisiert erfolgen. Bei einer zentralisierten Entscheidungsfindung, treffen alleinig der Projektleiter oder mehrere Führungspersönlichkeiten die Entscheidungen und der Community werden keine Mitbestimmungsrechte eingeräumt. Unter anderem ist dies beim Linux Kernel Projekt der Fall. Beim Linux Projekt muss ein Linux Torvals Änderungen am Softwarecode genehmigen. Bei der dezentralisierten Entscheidungsfindung, stimmt die Community über eine Entscheidung ab. Dies wird in den OS-Projekten Perl, Apache, Debian und Mozilla praktiziert. Im Perl-Projekt findet beispielsweise ein phasenweiser Diskussionsgruppenprozess statt. Dieser beinhaltet die Schritte, Antrag zur Diskussion, erster Aufruf zur Stimmabgabe, letzter Aufruf zur Stimmabgabe und Ergebnisse. Jede Phase innerhalb dieses Prozesses, ist auf eine spezifizierte, limitierte Dauer beschränkt (Markus et al. 2000). Im OS-Projekt Apache werden Änderungen innerhalb des Projektes auf der Mailingliste angefragt und abschließend über diese, durch die aktiven Teilnehmer, auch abgestimmt. Damit die Änderung durchgeführt und akzeptiert wird, werden drei „Ja" und null „Nein" Stimmen benötigt (Markus et al. 2000). Ähnlich verläuft es bei den OS-Projekten Debian und Mozilla. Hier wird ein eingereichter Softwarecode, bevor dieser in das Projekt integriert wird, von den Teilnehmern geprüft. Anschließend wird mittels eines Votingsystems darüber abgestimmt, ob der eingereichte Code implementiert wird. Auch kann der Softwarecode als erstes in das Projekt eingebaut werden und die Teilnehmer entscheiden im Nachhinein mit Hilfe eines Diskussionsforums und/ oder eines Votingsystems über den Verbleib (Laat 2007).

Reputation, Ruf

Die Überwachung und Sanktionierung von Teilnehmern in OS-Projekten hat Erfolg, weil es die Teilnehmer interessiert, was andere Communitymitglieder über sie denken. Daher ist der Wunsch nach einer guten Reputation, der Schlüsselmechanismus zu dauerhaft, qualitativ hochwertigen Beiträgen (Sharma et al. 2002, 13). Die Furcht vor dem Ausschluss aus dem Projekt, kann als ein motivierender Faktor angesehen werden. Das Verhalten und die Leistung eines einzelnen Teilnehmers, ist für alle anderen Communitymitglieder die ganze Zeit sichtbar. Daher sind alle Teilnehmer darüber informiert, ob jemand gute Arbeit leistet oder nicht (Lattemann, Stieglitz 2005, 8). Die Verhaltensspielregeln sind sehr klar festgelegt und wer seine Reputation verspielt, hat z. B. in der Linux-Community „verloren". Die Ausgrenzung aus der Community wirkt damit auch als eine Art Sanktionsmittel (Achtenhagen et al. 2003, 467).

Sanktionierung

Verhaltensnormen haben nur dann einen Nutzen, wenn bei Nichteinhaltung auch glaubwürdige Sanktionen erlassen werden können. Vor allem in OS-Projekten ist ein großer sozialer Druck zur Einhaltung sozialer Normen und Unternehmensrichtlinien gegeben. Deshalb erscheinen Sanktionen hier als ein sinnvoller Mechanismus. OS-Projekte wenden verschiedene Möglichkeiten an, um das Fehlverhalten von Teilnehmern zu sanktionieren. Hierzu gehört unter anderem das flaming, spamming und shunning. Unter flaming wird die öffentliche Nennung und Verurteilung von Teilnehmern verstanden (Lattemann, Stieglitz 2005, 6). Beim spamming werden Teilnehmer von anderen mit unerwünschten E-Mails überschwemmt. Shunning steht für die bewusste Reaktionsverweigerung gegenüber einem Teilnehmer (Markus et al. 2000). Nebendies existieren in OS-Projekten noch weitere Sanktionsmechanismen. Hierzu gehört, Teilnehmer per Abstimmung aus einem Projekt herauszuwählen. Aber auch die Privilegien eines Teilnehmers zu reduzieren oder einen Teilnehmer sogar zu sperren, sodass dieser in kein neues Projekt mehr rein gewählt werden kann (Gallivan 2001).

4 Identifizierung eingesetzter Steuerungs- und Kontrollmechanismen – Methodik der qualitativen Analyse

Mit Hilfe einer qualitativen Analyse, sollen obendrein zur Literaturrecherche, weitere Steuerungs- und Kontrollmechanismen identifiziert werden. Die identifizierten Mechanismen aus der qualitativen Analyse sind empirisch fundiert und daher kann diesen, für den Fall Crowdsourcing, ein höherer Stellenwert beigemessen werden.

4.1 Idee und Fragestellung

Die weltweite Anzahl an Crowdsourcing Plattformen ist bereits sehr groß und ein Ende des Wachstums ist noch nicht abzusehen. Doch trotz des Neuartigkeitscharakters von Crowdsourcing, wurden bereits unzählige Publikationen zu diesem Themengebiet veröffentlicht. Nichtsdestotrotz kann ein, wie bereits dargelegt, erheblicher Forschungsstand bezüglich Steuerungs- und Kontrollmechanismen für Crowdsourcing Plattformen beobachtet werden.

Es kann davon ausgegangen werden, dass die Crowd beinahe vollständig für den Erfolg oder das Scheitern einer Crowdsourcing Initiative verantwortlich ist. Dennoch wurde in der Forschung noch nicht ausreichend untersucht, wie Plattformen die Crowd dazu bringen, bestehende Aufgaben ordnungsgemäß zu bearbeiten. Aus diesem Grund ist es sinnvoll und sogar notwendig mit Hilfe einer qualitativen Analyse, geeignete Steuerungs- und Kontrollmechanismen von bestehenden Plattformen festzustellen. Um eine möglichst vollständige Sichtweise zu erlangen und nichts unberücksichtigt zu lassen, sollte bei der Identifizierung der Mechanismen auf den in Kapitel 2.3 beschriebenen, idealtypischen Prozess zurückgegriffen werden. In Zusammenhang mit dem Prozess, lassen sich die fünf explizite Fragestellungen ableiten:

- Wie werden die Crowdsourcees dazu ermutigt, Aufgaben ordnungsgemäß zu bearbeiten?
- Wer wirkt bei der Erstellung des Briefings mit?
- Wie erfolgt die Rekrutierung und wie werden ungeeignete potentielle Crowdsourcees vorselektiert?
- Wie werden die von den Crowdsourcees eingereichten Beiträge bzw. Lösungen auf die Qualität hin untersucht?
- Welche positiven, aber auch negativen, Erfahrungen konnten bisher gesammelt werden?

Mit Hilfe dieser fünf Fragen, sollte es möglich sein, generelle für Plattformen geeignete Steuerungs- und Kontrollmechanismen zu identifizieren.

4.2 Die Erhebungsmethode – Das Experteninterview

Die Daten zur Beantwortung der obigen Fragen, sollen mit Hilfe eines Experteninterview ermittelt werden. Die Durchführung eines Experteninterviews erfolgt in der Regel im Rahmen eines leitfadengestützten Interviews. Die befragte Person agiert im Hinblick auf die im Interview gestellten Fragen als Experte (Flick 2012, 214). Qualitative leitfadengestützte Interviews bewegen sich zwar in einem vorstrukturierten Rahmen, dennoch fällt die Gesprächssituation offen und flexibel aus. Die Fragen des Leitfadens können flexibel an das Gespräch angepasst und müssen nicht anhand eines festen und standardisierten Schemas abgearbeitet werden (Meuser, Nagel 2003, 58). Nach Witzel (1982, 90) dient der Leitfaden für den Interviewer, in erster Linie als Gedächtnisstütze. Nach Meuser (2002, 45) handelt es sich bei einer Person um einen Experten, wenn diese Person privilegierten Zugang zu Informationen über Entscheidungsprozesse oder Personengruppen verfügt. Daher werden die Experteninterviews mit Crowdsourcing Intermediären durchgeführt. Insgesamt haben sich fünf Plattformen für ein Interview bereiterklärt. Diese interviewten Plattformen lassen sich in die Kategorien Crowdwork-, Freelancer-, Design- und Innovationsplattform einordnen. Bei vier der durchgeführten Interviews handelt es sich um reine Einzelinterviews. Bei dem Interview mit CrowdGuru, waren zwei Personen anwesend. Allesamt der Experteninterviews wurden durch Einsatz des „Voice over IP-Dienstes" Skype durchgeführt. Mit Hilfe eines hierzu zusätzlich installierten Plug-ins, konnten die Gespräche aufgezeichnet werden.

4.3 Die Auswertungsmethode – Grounded Theory

Zur Analyse qualitativen Datenmaterials, welches nach dem Experteninterview vorliegt, können unterschiedliche Auswertungsverfahren herangezogen werden. Beispielhaft zu nennen wären die qualitative Inhaltsanalyse nach Mayring (1985), die empirisch Begründete Typenbildung nach Kluge (1999) und die Grounded Theory nach Glaser und Strauss (1965; 1967).

Der Zweck von Experteninterviews liegt nicht darin, bestehende Hypothesen zu überprüfen, sondern in der Generierung von neuem theoretischen Wissen. Deshalb erfolgt die Auswertung der Interviews mit Hilfe der Grounded Theory. Das Ziel der Grounded Theory liegt in der Theoriengewinnung, d. h. es soll eine Theorie entwickelt werden, um diese für die Praxis anwendbar zu machen. Die Überführung der empirisch gewonnenen Daten, erfolgt schrittweise in die Praxis. Beachtet werden muss, dass die gewonnene Theorie auf die empirischen Daten zurückzuführen ist. Nur dadurch kann im ausreichenden Maße sichergestellt werden, dass die Theorie einen Anspruch auf Genauigkeit erheben kann. Nach Glaser und Strauss (1979) handelt es sich bei der Grounded Theory um kein technisches Verfahren, indem bestimmte Methoden instrumentell Anwendung finden sollen, sondern um eine Art von Forschungsstil. Dennoch stellt die Grounded Theory Leitlinien und Techniken zur Datenaufbereitung und –analyse von empirischen Daten und deren Konzeptualisierung bereit. Den Ausgangspunkt zur Untersuchung der qualitativen Daten stellen eine oder mehrere Fragestellungen bereit, d. h. eine Leitidee oder ein bestimmter Fokus (Wiedemann 1995, 442-443).

Die gewonnenen Daten aus den Interviews, werden wie folgt ausgewertet: Zuerst wird zu jedem Interview ein Transkript erstellt. Anhand der gesetzten Anforderungen der vorliegenden Arbeit, dass die Transkripte exakt, aber dennoch leicht leserlich sein sollen, wird kein detailliertes, sondern ein einfaches Transkript erstellt. Das heißt, dass in den Transkripten keine Angaben zu non- und paraverbalen Ereignissen zu finden sind. Der Fokus liegt auf dem Inhalt und einer guten Lesbarkeit. Einen guten Überblick über Transkriptionssysteme liefern Kuckartz (2010) sowie Dresing und Pehl (2010). Aussagen oder Begriffe in den Interviews, sollen aufgeteilt und anhand übergeordneter Begriffe zusammengefasst und kodiert werden. Im Interview getätigte Annahmen, werden nicht nur einfach beschrieben, sondern es werden Muster erkannt. Darauf aufbauend werden Kategorien gebildet. In die Arbeit werden dabei nur diejenigen Kategorien einfließen, die für die Fragestellung von relevanter Bedeutung sind.

5 Ergebnisse und Interpretation der Experteninterviews

Insgesamt wurden fünf Crowdsourcing Plattformen interviewt. Diese interviewten Plattformen können anhand der Kategorisierung nach Mehlau (2014) den Crowdwork-, den Freelancer- und den Innovationsplattformen zugeordnet werden.

5.1 Ergebnisse und Interpretation für Crowdwork-Plattformen

Bei den beiden interviewten Plattformen die den Crowdwork-Plattformen zugeordnet werden können, handelt es sich um Crowdguru und Streetspotr. Die Aufgaben dieser Plattformen zeichnen sich durch eine geringe Komplexität und hohe Granularität aus. Desweiteren benötigen potentielle Crowdsourcees, keine speziellen Fähigkeiten und Kenntnisse zur Bearbeitung der verfügbaren Aufgaben.

Motive und Anreize

Vergütet wird die Arbeit der Crowdsourcees zum einen ganz klassisch, anhand einer finanziellen Entlohnung für jede bearbeitete Aufgabe. Zum anderen versuchen die Plattformen durch den Einsatz von intrinsischen Motiven, die Crowdsourcees zur Mitarbeit zu bewegen. Hierzu wird sich vor allem dem sog. Gamification bedient. Gamification bezeichnet den Einsatz von spieltypischen Elementen in einem spielfremden Kontext (Blohm, Leimeister 2013). Crowdwork-Plattformen bedienen sich unter anderem den Gamification-Elementen Highscores, Ranglisten, Auszeichnungen und Erfahrungspunkten. Erhaltene Gamification-Belohnungen eines Crowdsourcees sind anhand seines Profils für alle anderen sichtbar. Desweiteren werden Gewinnspiele veranstaltet, die primär auf extrinsische Motive abzielen.

Aufgabendarstellung

Dadurch, dass es sich bei Microtasks in den meisten Fällen um kleine, schnell zu bearbeitende Aufgaben mit einer geringen Vergütung handelt, ist es Notwendig, dass die Aufgabenbeschreibung kurz, bündig und klar formuliert ausfällt. Daher formulieren und schreiben beide interviewten Plattformen, die Aufgabenbeschreibung in Absprache mit dem Crowdsourcer, selbst. Können die Crowdsourcees mit der Aufgabenbeschreibung dennoch nichts anfangen, steht den Crowdsourcees zu jeder Aufgabe eine Fragebox bereit.

Rekrutierung und Selektion

Eine ausreichend große, sich betätigende Crowd, ist für eine Crowdwork-Plattformen von entscheidender Bedeutung. Daher ist es wichtig, in einem bestimmten Ausmaß arbeitswillige Crowdsourcees zu akquirieren. Um neue Crowdsourcees für die Plattform zu gewinnen, wird sich vornehmlich klassischen Stellenanzeigen bedient und der Weiterempfehlung von Crowdsourcees in deren sozialem Umfeld.

Neu angemeldete Crowdsourcees müssen sich einem Anfangstest unterziehen. In diesem Test werden bereits vorab ungeeignete Bewerber ausselektiert. Hierzu gehören solche Bewerber, die ungewissenhaft Aufgaben bearbeiten und solche die bewusst manipulieren. Neben diesem Anfangstest müssen die Crowdsourcees noch je nach Aufgabentyp entsprechende Qualifizierungen meistern, z. B. eine allgemeine Recherchequalifizierung.

Qualitätskontrolle und Sicherheit

Um die Crowdsourcees bei der Aufgabenbearbeitung zu unterstützen, sind unterschiedliche Hilfswerkzeuge implementiert. Zu nennen wären hier FAQs, Quides, Chats, Tutorials und ein Forum. Bei auftauchenden Fragen und Problemen kann sich der Crowdsourcee an diese wenden. Zusätzlich kann sich der Crowdsourcee telefonisch oder per E-Mail mit dem Community-Support zusammensetzen.

Werden von einem Crowdsourcee Lösungen eingereicht, die permanent falsch sind, wird dieser von der sog. Whitelist entfernt. Der betroffene darf dann bestimmte Aufgaben nicht mehr bearbeiten. Dadurch, dass es für jeden Aufgabentyp eine eigene Whitelist gibt, steht es dem Crowdsourcee frei, andere Aufgaben zu bearbeiten.

Streetspotr überprüft die eingereichten Lösungen manuell von Plattformmitarbeitern. Unterstützt werden die Mitarbeiter durch automatisierte Prozesse, wie z. B. durch GPS-Daten, die bei der Aufgabendurchführung erhoben werden.

Liegt eine absichtliche betrügerische Handlung, seitens eines Crowdsourcees vor, wird dieser lebenslang von der Plattform ausgeschlossen. Der Crowdsourcee gelangt auf die sog. Blacklist.

Microtasks werden öffentlich ausgeschrieben und können somit von jedem Crowdsourcee bearbeitet werden. Um zu verhindern, dass mehrere Crowdsourcees die gleiche Aufgabe bearbeiten, wird eine Aufgabe, sobald ein Crowdsourcee mit der Bearbeitung angefangen hat, für alle anderen gesperrt. Die Dauer der Sperre fällt je nach Aufgabentyp unterschiedlich lang aus. Erledigt der Crowdsourcee die von ihm angenommene Aufgabe in einer bestimmten Zeit nicht, steht diese dann anderen Crowdsourcees zur Verfügung. Nebendies steht es dem Crowdsourcee frei, angenommene Aufgaben wieder abzulehnen.

Bisherige Erfahrungen

Beide befragten Plattformen führen an, dass eine direkte und ehrliche Kommunikation mit den Crowdsourcees ein sehr wirkungsvoller Steuerungsmechanismus ist. Es ist wichtig, dass die Crowdsourcees bei Fragen und Problemen ausreichend vom Community-Support unterstützt werden. Die eingesetzten Anreizmechanismen sollten sowohl extrinsischer, als auch intrinsischer Natur sein. Das heißt, dass die Crowdsourcees nicht nur eine angemessene finanzielle Vergütung erhalten sollten, sondern auch auf Gamification-Elemente zurückgegriffen werden sollte. Auch kann ein finanzieller Bonus, der unter bestimmte Voraussetzungen gezahlt wird, sich als motivationsfördernd erweisen. Hierbei ist aber zu beachten, dass dieser Bonus nicht dauerhaft bestand hat, sondern nur gelegentlich zum Einsatz kommen sollte. Bei einer Aufgabenschwemme kann es sinnvoll sein, leichtere Aufgaben eine bestimmte Dauer zurück zu halten. Diese können dann freigegeben werden, sobald die anspruchsvolleren oder wichtigeren Aufgaben erledigt sind.

5.2 Ergebnisse und Interpretation für Freelancer-Plattformen

CrowdGuru und content.de sind die beiden Freelancer-Plattformen, die für das Experteninterview befragt wurden. Beide Plattformen vermitteln Aufgaben im Bereich Texterstellung. Im Gegensatz zu content.de bietet CrowdGuru nebendies auch noch Aufgaben bereit, die unter die Kategorie Crowdwork-Plattformen fallen.

Motive und Anreize

Anreize für Crowdsourcees zur Bearbeitung der Aufgaben ergeben sich durch die finanzielle Entlohnung und durch intrinsische Anreizmechanismen. Zu den intrinsischen Anreizmechanismen gehört, dass besonders zuverlässige Crowdsourcees Auszeichnungen in Form von Gold- und Silbersternchen erhalten. Die Auszeichnungen eines Crowdsourcees sind auf dessen Profil für andere Crowdsourcees und Crowdsourcers sichtbar.

Aufgabendarstellung

Damit sichergestellt wird, dass die Aufgabe noch in einem lösbaren und zeitlichen Rahmen bleibt, bedient sich das System bei der Briefingerstellung an Parameter. Diese sollen die Crowdsourcer zum einen unterstützen, aber auch die Grenzen des Möglichen aufzeigen. Nebendies filtern die Parameter unlösbare Aufgabebeschreibungen aus und leiten diese zum zuständigen Supporter weiter. Es ist für jeden Crowdsourcer ein Supporter zuständig. Der Supporter unterstützt den Crowdsourcer und ändert bei Bedarf in Rücksprache mit diesem, die Aufgabenbeschreibung.

Rekrutierung und Selektion

Aufgaben von Freelancer-Plattformen weisen im Vergleich zu Crowdwork-Plattformen eine deutlich höhere Komplexität auf. Potenzielle Crowdsourcees müssen daher über bestimmte

Fähigkeiten verfügen. Bei content.de sollten die Crowdsourcees in der Lage sein, fehlerfreie und leserliche Texte zu erstellen. Um solche geeigneten Crowdsourcees für die Plattform zu gewinnen, werden Adwords-Anzeigen geschaltet. Auch präsentiert sich content.de, zielgerichtet auf Veranstaltungen und Messen.

Es erfolgt eine qualifikationsbasierte Vorauswahl. Im Falle der beiden befragten Plattformen, müssen potenzielle Crowdsourcees einen Mustertext schreiben. Dieser eingereichte Mustertext wird einer Plagiats- und einer Qualitätsprüfung unterzogen. Nur wenn dieser Mustertext den Anforderungen gerecht wird, wird der Crowdsourcee zur Plattform zugelassen.

Qualitätskontrolle und Sicherheit

Unterstützung erfahren die Crowdsourcees auf zwei unterschiedlichen Wegen. Zum einen können sich die Crowdsourcees bei Problemen oder Fragen mit dem Autorensupportteam in Verbindung setzten, zum anderen erscheinen bei content.de regelmäßig Blogbeiträge. In diesen Blogbeiträgen werden typische und regelmäßig auftauchende Probleme behandelt und Ratschläge zur optimalen Texterstellung unterbreitet.

Die eingereichten Beiträge werden auf ihre Korrektheit hin überprüft. Dies kann entweder teilautomatisiert oder vollständig automatisiert ablaufen. Bei content.de erfolgt die Qualitätskontrolle automatisiert. Hierbei prüft ein System, ob die erforderlichen Wort- und Keywortvorgaben eingehalten wurden. Anschließend wird der Text noch einer Plagiatsprüfung unterzogen. Nach diesen beiden Kontrollschritten wird der Text dann auch ohne Umwege direkt zum Crowdsourcer weitergeleitet. Im Gegensatz hierzu, erfolgt die Qualitätskontrolle bei CrowdGuru teilautomatisiert. Eingereichte Texte bei CrowdGuru werden automatisiert einer Rechtschreib- und Plagiatsprüfung unterzogen. Abschließend wird jeder Text noch zusätzlich von einem Qualitätsmanager gegengeprüft.

Bevor ein Crowdsourcee ausgeschriebene Aufträge bearbeiten kann, muss er diese zuerst annehmen. Angenommene Aufträge werden gesperrt und können somit folglich nicht von anderen Crowdsourcees bearbeitet werden. Nimmt ein Crowdsourcee Aufträge an und bearbeitet diese nicht, wird dieser im ersten Schritt abgemahnt. Zusätzlich hierzu sinkt die Gesamtanzahl der Aufträge, die der Crowdsourcee zur gleichen Zeit bearbeiten kann. Kommt es häufiger vor, dass ein Crowdsourcee Aufgaben annimmt und diese nicht bearbeitet, wird dieser in seinem Qualitätslevel abgestuft. Eine Abstufung im Qualitätslevel wirkt sich negativ auf die finanzielle Vergütung aus.

Erledigt der Crowdsourcee Aufgaben permanent falsch oder in einer unzureichenden Qualität, wird dieser dauerhaft von der Plattform gesperrt.

Es kann vorkommen, dass ein Crowdsourcer mit einem Beitrag nicht zufrieden ist. In einer solchen Situation, werden die Anforderungen des Briefings mit dem eingereichten Beitrag, von einem Plattformmitarbeiter, gegengeprüft. Bei einem Verschulden des Crowdsourcees, muss dieser den Beitrag nachbessern.

Bisherige Erfahrungen

Vor allem Mechanismen, die die monetäre Vergütung beeinflussen, können als sehr vielversprechend angesehen werden. Hierzu gehört im Fall der Texterstellung, einen Crowdsourcee in seinem Qualitätslevel zurückstufen oder sein Auftragsvolumen zu beschränken. Durch das Zurückstufen eines Qualitätslevels, erhält der Crowdsourcee pro geschriebenes Wort, eine geringere Vergütung. Die gleiche Wirkung, aber in entgegengesetzter Richtung erzielt ein monetäres Bonussystem für dauerhaft qualitativ hochwertige Beiträge. Auch Auszeichnungen und Zertifizierungen führen dazu, dass ein Crowdsourcee eine bessere Arbeitsleistung an den Tag legt.

5.3 Ergebnisse und Interpretation für Innovationsplattformen

Unternehmen erhalten auf der Plattform PhantoMinds, Innovative Ideen zu bestimmten Themen von der Crowd. Die Crowd unterstützt dabei Unternehmen, bei der Entwicklung von innovativen Produkten, Dienstleistungen und Geschäftsmodellen. Daher fand das Experteninterview für die Kategorie Innovationsplattformen mit PhantoMinds statt.

Motive und Anreize

Die Crowdsourcees werden sowohl anhand von monetären, als auch nicht monetären Mechanismen zur Mitarbeit bewegt. Die Gewinner erhalten eine finanzielle Vergütung, die bereits im Vorhinein mit der Crowd kommuniziert wurde. Zusätzlich zur finanziellen Entlohnung erhalten die Crowdsourcees Auszeichnungen und erscheinen in Rankings. Ebenso werden die Gewinner öffentlich ausgeschrieben.

Aufgabendarstellung

Die Aufgabenbeschreibung erstellt die Plattform zusammen mit dem Crowdsourcer. Die Plattform achtet vor allem darauf, dass die Ziele der Crowdfunding Initiative klar formuliert und leicht verständlich sind. Zukünftig soll es auch möglich sein, die Aufgabenbeschreibung als Video darzustellen.

Rekrutierung und Selektion

Neue Crowdsourcees akquiriert die Plattform, indem sich diese auf Veranstaltungen im Bereich der Kreativ- und Starterscene vorstellt. Desweiteren werden neue Crowdsourcees mittels Social Media, wie beispielsweise Twitter und Facebook gewonnen.

Von Seiten der Plattform findet keine Vorselektion statt. Daher spielen auch die Qualifikationen und Fähigkeiten eines Crowdsourcees keine Rolle. Dies ist dem Umstand geschuldet, dass bei Innovationsplattformen eine heterogene Crowd gewünscht wird.

Qualitätskontrolle und Sicherheit

Eine Qualitätskontrolle in dem Sinne, findet bei der Plattform PhantoMinds nicht statt. Dies ergibt sich aus der Tatsache, dass bei Aufgaben die den Innovationsplattformen zugerechnet werden können, es keine richtigen oder falschen Lösungsvorschläge gibt. Obwohl eine Qualitätskontrolle für jeden Beitrag keinen wirklichen Sinn machen würde, gilt dies nicht für die Qualitätssicherung. Die Crowd sollte bei der Ideenfindung unterstützt werden. Hierzu kann eine Etikette einen ersten kleinen Beitrag leisten. Diese soll den Crowdsourcees aufzeigen, wie sich diese zu verhalten haben. Wichtige Fragen können mit Hilfe von FAQs beantwortet werden. Weitere nicht standardisierte Fragen kann ein Supportteam beantworten. Auch können Videotutorials zu Themen, wie z. B. Methoden zur Innovationsfindung eingesetzt werden.

Non Disclosure Agreements (NDA), zu Deutsch Geheimhaltungsverträge, können dabei behilflich sein, die Plattform für den Crowdsourcer vertrauenswürdiger erscheinen zu lassen. Der Crowdsourcer muss sich sicher sein, dass nichts Wissenswertes von der Initiative nach außen dringt.

Alle eingereichten Beiträge müssen auf ihr Potenzial hin bewertet werden. Hierzu kann entweder der Crowdsourcer aus allen Beiträgen die besten auswählen und einen Gewinner küren, oder die Crowd wählt eigenständig aus allen eingereichten Beiträgen einen Gewinner aus. Hierzu existierten festgelegte Qualitätskriterien, anhand dessen die Crowdsourcees alle Beiträge bewerten müssen. Alle Bewertungen werden zusammengefügt und ein Ranking wird darauf aufbauend erstellt.

Bisherige Erfahrungen

Die Crowdsourcees sprechen ihrer Reputation/ Ruf eine hohe Bedeutung zu. Daher können Rankings als effektive Steuerungsinstrumente angesehen werden. Auch spielt eine offene Kommunikation und Moderation vonseiten der Plattform, für die Crowdsourcees eine wichtige Rolle.

Passiert es, dass eine neue Initiative von Seiten der Crowd zu wenig Beachtung findet, kann die Plattform unter falschen Namen selbst Beiträge veröffentlichen. Dies dient vor allem dazu, etwaige Einstiegsbarrieren seitens Crowdsourcees bei neuen Innovationsinitiativen zu beseitigen.

5.4 Ergebnisse und Interpretation für Designplattformen

Designplattformen, wie beispielsweise CrowdRelations, weisen eine Crowd auf, die sich auf jegliche Art von Design-Aktivitäten spezialisiert hat. Deshalb fand das Experteninterview bzgl. Designplattformen auch mit CrowdRelations statt.

Motive und Anreize

Die Crowdsourcees werden anhand einer rein monetären Vergütung zur Mitarbeit motiviert. Es sind keine Anreizmechanismen implementiert, die auf intrinsische Motive abzielen. Der Gewinner erhält ein Preisgeld für seine geleistete Arbeit. Aber nicht nur der Gewinner, sondern auch die restlichen Crowdsourcees erhalten eine monetäre Vergütung für die geleisteten Beiträge. Diese Vergütung fällt jedoch geringer aus, als die des Gewinners. Festzuhalten ist, dass jeder Beitrag finanziell entlohnt wird.

Aufgabendarstellung

Das Briefing wird anhand eines Fragebogens selbstständig von dem Crowdsourcer erstellt. Für jedes der unterschiedlichen Design-Aktivitäten, wie beispielsweise Web- oder Logodesigns, sind spezifische Fragen hinterlegt. Bei Bedarf leistet die Plattform Hilfestellung.

Rekrutierung und Selektion

Anhand eines zweistufigen Anmeldeprozesses, werden potentielle Crowdsourcees vorselektiert. In einem ersten Schritt, müssen die Bewerber ihre bisherigen Referenzen und den beruflichen Werdegang hinterlegen. Im zweiten Schritt, muss der Bewerber einige seiner Designs einreichen. Überzeugt der Bewerber in beiden Prozessschritten, so wird dieser zur Plattform zugelassen. Auch muss der Bewerber bereits im Anmeldeprozess angeben, welche Kreativ-Aktivitäten für ihn in Frage kommen.

Qualitätskontrolle und Sicherheit

Ein Crowdsourcee erfährt bei der Aufgabenbearbeitung von Seiten der Plattform keine Unterstützung. Der Crowdsourcer entscheidet selbstständig, welche Designvorschläge es in die nächste Runde schaffen. Lediglich ein Kommentarsystem steht dem Crowdsourcee bei Fragen zur Verfügung. Bei Bedarf kommen auch Non Disclosure Agreements zum Einsatz.

Bisherige Erfahrungen

Dadurch, dass die Plattform erst seit dem November letzten Jahren existiert. Kann die Plattform noch keine ausreichenden Erfahrungen, zu den bisher eingesetzten Steuerungs- und Kontrollmechanismen, ausweisen.

6 Handlungsempfehlung für Crowdsourcing Intermediäre

Anhand der aus der Literatur in Kapitel 3 identifizierten Steuerungs- und Kontrollmechanismen, den Experteninterviews sowie dem Paper von Zogaj und Bretschneider (2014), ist es nun möglich, für jede der fünf kategorisierten Crowdsourcing Plattformen, geeignete Steuerungs- und Kontrollmechanismen herzuleiten.

Aus den Experteninterviews wurde ersichtlich, dass es sich bei Crowdsourcees nicht nur um extrinsisch motivierte Individuen handelt, sondern dass auch intrinsische Motive einen gewissen Stellenwert einnehmen. Daher sollten Steuerungs- und Kontrollmechanismen zur Anwendung kommen, die sowohl auf extrinsische, als auch auf intrinsische Motive abzielen.

6.1 Handlungsempfehlungen für alle Plattformkategorien

Ein Großteil der identifizierten Steuerungs- und Kontrollmechanismen wird dazu eingesetzt, um Fehlverhalten zu bestrafen und um eingereichte Beiträge auf die Qualität hin zu überprüfen. Vor allem versuchen Crowdsourcing Plattformen das Verhalten der Crowdsourcees zu beeinflussen, indem diesen, bei nicht gewünschtem Verhalten, Sanktionen und Bestrafungen drohen. Doch noch bevor Steuerungs- und Kontrollmechanismen zum Einsatz kommen sollten, die in erster Linie erst aktiv werden, nachdem bereits ein Crowdsourcee nicht ordnungsgemäß gehandelt oder eine fehlerhafte Lösung eingereicht hat, ist es ratsam, Crowdsourcees bereits im Vorfeld dazu zu bewegen, dass diese aus sich selbst heraus, Aufgaben ordnungsgemäß erledigen. Eine Möglichkeit, um dies zu realisieren, besteht für Crowdsourcing Plattformen darin, sich bei der Aufgabengestaltung, soweit wie möglich, an den Vorschlägen des Job Characteristic Model zu orientieren. Das JCM beschreibt wie eine Aufgabe beschaffen sein muss, damit diese die Arbeitszufriedenheit und damit auch die Arbeitsleistung eines Crowdsourcees positiv beeinflusst. Alles Wichtige zum JCM und die Überführung dessen, zum Phänomen Crowdsourcing, wurde bereits in Kapitel 3.4 ausführlich behandelt und soll deshalb nicht mehr Gegenstand des weiteren Kapitels sein. Neben dem JCM, kann auch eine optimale Hierarchiestruktur dazu beitragen, die Arbeitszufriedenheit der Crowdsourcees positiv zu beeinflussen. Die Notwendigkeit einer Hierarchiestruktur für das Crowdsourcing, ergibt sich im Falle der bisherigen Erkenntnisse aus zwei Gegebenheiten. Einerseits erfordern komplexere Crowdsourcing Initiativen eine Hierarchiestruktur mit den verschiedenen dazugehörigen Rollen- und Rechteverteilungen. Dadurch wird sichergestellt, dass die Anforderungen, die an eine Aufgabe gesetzt sind, nicht die Fähigkeiten eines Crowdsourcees übersteigen. Andererseits kann eine Hierarchiestruktur gezielt zum Einsatz kommen, um die Motivation der Crowdsourcees zu steigern. Hierzu muss jede Hierarchiestufe, mit einem einhergehenden finanziellen Anreiz, gekoppelt sein. Eine idealtypische Hierarchiestruktur, die beim Crowdsourcing zur Anwendung kommen könnte, wurde bereits in Kapitel 3.2 ausführlich erläutert und wird somit in diesem Kapitel nicht mehr vorgestellt, sondern bei Bedarf nur darauf hingewiesen.

6.2 Handlungsempfehlungen für Microtaskplattformen

Steuerungs- und Kontrollmechanismen bei Microtaskplattformen sollen vor allem dazu eingesetzt werden, um die Crowdsourcees zur Mitarbeit zu bewegen, die eingereichten Beiträge einer Qualitätskontrolle zu unterziehen und bei Fehlverhalten Sanktionen zu erlassen.

Anreizmechanismen

Crowsourcees sollten für jeden eingereichten, vollständigen Beitrag eine feste finanzielle Vergütung erhalten. Es ist von enormer Wichtigkeit, dass ein Crowdsourcee bereits im Vorhinein absehen kann, wie hoch die Vergütung pro Aufgabe ausfällt. Dementsprechend sollte zu jeder Aufgabe die entsprechende Entlohnung klar und ersichtlich angezeigt werden. In diesem Zusammenhang ist es wichtig, dass für den Crowdsourcee auch zu erahnen ist, wie viel Zeit die Bearbeitung einer Aufgabe in Anspruch nimmt. Die Realisierung dessen, kann anhand von Zeiterfassungen erfolgen. Hierzu kann die Plattform entweder einige Aufgaben eines Aufgabentyps selbst bearbeiten und die hierfür durchschnittlich benötigte Zeit messen oder die durchschnittliche benötigte Zeit zur Durchführung einer Aufgabe wird anhand von bereits vergangenen Aktionen ermittelt. Am geeignetsten erscheint es, für jeden Crowdsourcee, einen eigenen Durchschnittswert zu ermitteln. Dieser errechnete Durchschnittswert soll dann neben der finanziellen Vergütung angezeigt werden. Alternativ zur finanziellen Entlohnung, weisen gelegentlich zur vergebende Sachpreise, denselben Effekt auf die Motivation der Crowdsourcees aus.

Doch obwohl der finanziellen Entlohnung der größte Raum bei der Motivation eingeräumt werden sollte, ist es ratsam, auch nicht monetäre Anreizmechanismen zu implementieren. Dies betrifft vor allem Gamification-Elemente, wie z. B. Ranglisten, Erfahrungspunkte und Auszeichnungen, wie z. B. als „Crowdworker des Monats". Eine sich monatliche aktualisierende Rangliste über die erfolgreichsten Crowdsourcees, sollte auf der Plattform einsehbar sein. Gesammelte Erfahrungspunkte und Auszeichnungen sollten für jeden sichtbar auf dem Profil angezeigt werden.

Rekrutierung und Selektion

Bei der Rekrutierung neuer Crowdsourcees, sollte vor allem auf die kostengünstige Methode, der Mund-zu-Mund-Propaganda, gesetzt werden. Ein Crowdsourcee wird eine Crowdsourcing Plattform nur dann seinem näheren Umfeld weiterempfehlen, wenn dieser mit der Plattform zufrieden ist. Daher spielen die eben aufgeführten Anreizmechanismen ebenso eine entscheidende Rolle für die Rekrutierung, wie auch für die Motivation. Fällt der Bedarf an zusätzlichen Crowdsourcees hoch aus, sollte ein bereits auf der Plattform betätigender Crowdsourcee finanziell motiviert werden, die Plattform weiterzuempfehlen. Hierzu sollte sich der Vorgehensweise von clickworker bedient werden. Bei dieser erhält ein Crowdsourcee, für jede erfolgreiche Weiterempfehlung, fünf Euro (Anhang 1).

Ein neuer Crowdsourcee sollte, bevor diesem das Recht eingeräumt wird Aufgaben zu bearbeiten, vorab auf seine Qualifikationen überprüft werden. Erst nachdem der Crowdsourcee die Überprüfung erfolgreich bestanden hat, sollte dieser zur Aufgabenbearbeitung zugelassen werden. Die Vorabüberprüfung dient dazu, um ungeeignete Crowdsourcees für bestimmte Aufgabentypen zu sperren. Im Falle von Recherchetätigkeiten beispielsweise, kann geprüft werden, ob ein Crowdsourcee die Schritte, die zur Durchführung der Aufgabe erforderlich sind, verstanden hat und ob an der Aufgabe gewissenhaft gearbeitet wurde. Realisiert wird die Vorabüberprüfung, indem ein Crowdsourcee Probeaufgaben lösen muss. Die Lösungen dieser Probeaufgaben stehen bereits fest und somit kann das Verfahren vollautomatisiert vonstattengehen. Werden die Probeaufgaben erfolgreich bearbeitet, wird der Crowdsourcee zur Plattform zugelassen. Besteht der Crowdsourcee die Probeaufgaben nicht, wird dieser für die nicht bestandenen Aufgabentypen gesperrt. Im Anschluss daran, sollten dem Crowdsourcee seine Fehler, in Form von Feedback, aufgezeigt werden.

Qualitätssicherheit

Das Briefing sollten die Plattformen im Alleingang erstellen. Wichtig ist, dass die Aufgabenbeschreibung kurz und präzise ausfällt. Dadurch, dass sich die Aufgaben bei Microtaskplattformen untereinander im Großen und Ganzen stark ähneln, sollte, soweit es möglich ist, auf bereits bestehende Beschreibungen zurückgegriffen werden.

Sowohl während der Aufgabendurchführung, als auch bei Fragen und Problemen, sollten die Crowdsourcees von Seiten der Plattform Unterstützung erfahren. Leicht lösbare und immer wieder kehrende Probleme, sollten mit Hilfe von Tutorials, Quides und Schritt-für-Schritt Anleitungen beseitigt werden. Beispielsweise könnte aufgezeigt werden, wie die effizienteste Herangehensweise aussieht, um eine Aufgabe zügig und fehlerfrei zu bearbeiten. Bei komplexeren Problemen oder wichtigen Fragen, sollten die folgenden Kommunikationskanäle bereitgestellt werden: Chat, Support-Email, Fragebox, Forum und FAQs. Die Kommunikation mit der Crowd sollte auf eine respektvolle Art und auf Augenhöhe erfolgen. Auf das Anliegen der Crowdsourcees sollte im Detail eingegangen werden. Es ist wichtig, dass bei den Crowdsourcees das Gefühl aufkommt, dass sie geschätzt werden. Daher sollten die einzelnen Kommunikationskanäle nicht nur zur Problembewältigung eingesetzt werden, sondern auch zum Aufbau einer Beziehung mit der Crowd.

Aufgaben, die ein Crowdsourcee annimmt, sollten für andere zur Bearbeitung gesperrt werden. Dies stellt sicher, dass eine Aufgabe nicht doppelt bearbeitet wird. Es ist wichtig, dass diese „Reservierungszeiten" sehr kurz ausfallen. Dadurch kann eine zügige Bearbeitung garantiert werden. Wird eine Aufgabe nicht in der vorgegebenen Reservierungszeit erledigt, soll diese wieder zur Bearbeitung für andere Crowdsourcees freigegeben werden.

Tritt der Fall ein, dass einzelnen Aufgaben eine höhere Priorität eingeräumt wird, können Aufgaben mit einer geringeren Priorität zurückgehalten werden, bis die mit der höheren Priorität, abgearbeitet wurden.

Privilegien und unterschiedliche Hierarchieebenen bewirken, dass die Leistungsbereitschaft der Crowdsourcees ansteigt. Dieser Umstand sollte dazu genutzt werden, um die Sicherstellung der Qualität voranzutreiben. Hierzu sollten unterschiedliche Hierarchieebenen mit speziell dazugehörigen Privilegien eingeführt werden. Den Crowdsourcees sollte leicht verständlich aufgezeigt werden, wie diese in die einzelnen höheren Ebenen gelangen können. Zum Beispiel erfolgt der Aufstieg in eine höhere Ebene, indem eine vorher festgelegte Anzahl an Aufträgen bearbeitet werden muss und dabei eine gewisse Fehlerquote nicht unterschritten werden darf. Bei den mit dem Aufstieg verbundenen Privilegien, könnte es sich um eine höhere Vergütung oder die Teilnahme an vorher gesperrten Aufgaben handeln. Unterschreitet ein Crowdsourcee die festgelegte Fehlertoleranzquote, sollte dieser wieder eine Ebene herabgestuft werden. Dies bringt wiederum finanzielle Einbußen mit sich.

Qualitätskontrolle

Durch den Umstand bedingt, dass ein Großteil der Aufgaben bei Microtaskplattformen von ihrer Art her homogen sind, kann die Qualitätskontrolle teilautomatisiert erfolgen. Nach Shokdran und Bretschneider (2014) existieren hierzu die folgenden drei Möglichkeiten:

- Eingereichte Beiträge werden von anderen Crowdsourcees auf ihre Richtigkeit hin überprüft und bewertet.
- Tatsächlichen Aufgaben werden Fake-Aufgaben untergemischt. Das Ergebnis für die Fake-Aufgaben steht bereits fest. Daher kann die Überprüfung vollautomatisiert vonstattengehen. Werden die Fake-Aufgaben richtig gelöst, kann davon ausgegangen werden, dass auch die echten Aufgaben richtig gelöst wurden.
- Zwei oder mehr Crowdsourcees erhalten zur Bearbeitung dieselbe Aufgabe zugewiesen. Je nachdem, ob die Ergebnisse übereinstimmen oder nicht, gelten die eingereichten Beiträge als korrekt oder müssen manuell von der Plattform kontrolliert werden.

6. 3 Handlungsempfehlungen für Freelancer-Plattformen

Dadurch, dass bei der Kategorie Freelancer-Plattformen eine Vielzahl von unterschiedlichen Aufgabentypen vertreten sind, ist eine präzise Auswahl aus den in dieser Arbeit identifizierten Steuerungs- und Kontrollmechanismen nur bedingt für alle Aufgabentypen möglich.

Anreizmechanismen

Der Crowdsourcee erwartet für die von ihm geleistete Arbeit, eine angemessene finanzielle Entlohnung. Daher stellt die finanzielle Vergütung den effektivsten Anreizmechanismus dar. Die zu erwartende Entlohnung sollte für jede Aufgabe transparent und in der Aufgabenbeschreibung einsehbar sein. Desweiteren sollten auf der Plattform auch Gamification-Elemente implementiert werden, um eine bei den Crowdsourcees vorhandene intrinsische Motivation zu fördern.

Rekrutierung und Selektion

Neue potentielle Crowdsourcees, sollten innerhalb aufgabenspezifischen Messen und Veranstaltungen, rekrutiert werden. Desweiteren sollte die Plattform gezielt auf SEO und Content-Marketing setzen, um geeignete Crowdsourcees zu akquirieren.

Bereits im Registrierungsvorgang, sollte eine Qualifizierungsaufgabe eingebettet sein. Erst wenn diese Qualifizierung bestanden wird, sollte der Crowdsourcee zur Plattform zugelassen werden. Im Falle der Texterstellung, muss ein potentieller Crowdsourcee einen Mustertext einreichen. Dieser Mustertext wird von der Plattform anschließend anhand verschiedener Kriterien gegengeprüft. Der Ausgang dieser Prüfung entscheidet dann, ob der Crowdsourcee zur Plattform zugelassen oder abgewiesen wird.

Qualitätssicherheit

Dadurch, dass die einzelnen Aufgaben von der Art her sehr unterschiedlich sind, sollte der Crowdsourcer das Briefing eigenständig erstellen. Jedem Crowdsourcer sollte ein Supporter zugewiesen werden, an den sich der Crowdsourcer bei vorhandenen Fragen und Problemen wenden kann. Zur Kommunikation sollten Kanäle, wie E-Mail, Chat und eine Fragebox bereitstehen. Wichtig ist, dass eingehende Nachrichten zügig und zufriedenstellend beantwortet werden. Dem Crowdsourcer sollte beim erstellen des Briefings bestimmte Grenzen vorgegeben werden. Dadurch soll sichergestellt werden, dass die Aufgabenbeschreibung nicht zu voluminös ausfällt und die Aufgabe noch ohne Probleme machbar ist. Im Falle der Texterstellung, sollte im Hintergrund ein System unterstützend wirken, indem mit Hilfe voreingestellter Parameter, der Crowdsourcer auf Beschränkungen hingewiesen wird. Desweiteren sollte das System automatisch die Aufgabenbeschreibung nicht freigeben, sondern an den Supporter weiterleiten, wenn dem System die getätigten Eingaben suspekt vorkommen.

Komplexe Aufgaben sollten in mehrere, kleine Aufgabenpakete zerlegt werden. Dadurch kann eine Aufgabe zügiger und kostengünstiger bearbeitet werden. Im Falle der Texterstellung, kann ein hochkomplexes Thema, in mehrere, kleine Themen unterteilt werden. Anschließend werden die eingereichten Lösungen von der Plattform zu einer Gesamtlösung zusammengetragen.

Regelmäßig erscheinende Blogbeiträge können dabei helfen, die Fähigkeiten eines Crowdsourcees zu verbessern und wirken somit unterstützend bei der Aufgabenbearbeitung. Blogbeiträge sollten auf immer wieder auftauchende Fragen und Probleme eingehen und hierfür sowohl Antworten, als auch Verbesserungsvorschläge bereithalten. Um beim Beispiel der Texterstellung zu bleiben, könnten Blogbeiträge Themen wie z. B. Vermeidungsstrategien von Schreibblockaden, zügigere Informationsrecherche und fehlerfreies Schreiben behandeln.

Nicht nur den Crowdsourcers sollte ein Supporter unterstellt werden, sondern auch den Crowdsourcees. Den Crowdsourcees sollte es über verschiedene Kommunikationskanäle, wie z. B. per E-Mail oder Telefon möglich sein, den Supporter bei speziellen Fragen oder Problemen zu kontaktieren.

Ebenso wie bei Microtaskplattformen, soll eine von einem Crowdsourcee angenommene Aufgabe zwischenseitlich für andere gesperrt werden. Wird die Aufgabe in einer gewissen Zeit nicht erledigt, sollte die Aufgabe wieder zum bearbeiten freigegeben werden. Die Reservierungszeit sollte hierbei so kurz wie möglich ausfallen. Dies stellt sicher, dass die Aufgabe auch in einer gewissen Zeit fertiggestellt wird. Nimmt ein Crowdsourcee permanent Aufgaben an und bearbeitet diese nicht, sollte die Anzahl der Aufgaben, die dieser Crowdsourcee zur gleichen Zeit annehmen kann, reduziert werden.

Von entscheidender Bedeutung ist, die Crowdsourcees dahingehend zu steuern, dass diese aus sich selbst heraus, eine Aufgabe bestmöglich bearbeiten. Hierzu sollten Anreizmechanismen eingesetzt werden, die sowohl auf extrinsische, als auch intrinsische Motive abzielen. Am geeignetsten erscheint hierfür der Einsatz von Auszeichnungen, wie Silber- und Goldsternchen sowie die Einführung unterschiedlicher Qualitätsebenen. Leistet ein Crowdsourcee über die Zeit hervorragende Arbeit, sollte der Crowdsourcee hierfür eine Auszeichnung erhalten oder eine Qualitätsebene höher gestuft werden. Entscheidend ist, dass für den Crowdsourcee transparent aufgezeigt wird, wie eine Auszeichnung oder die Höherstufung in der Qualitätsebene zu erreichen ist. Die eingesetzten Anreizmechanismen sollten einen monetären Charakter aufweisen. Dadurch, dass den Crowdsourcer die Möglichkeit bereitgestellt wird, einen Crowdsourcee eigenständig auszuwählen, ist davon auszugehen, dass ein Crowdsourcer die Crowdsourcees auswählt, die über die meisten

Auszeichnungen verfügen. Eine Höherstufung in der Qualitätsebene sollte auch bewirken, dass die finanzielle Vergütung ansteigt.

Qualitätskontrolle

Aufgaben der Freelancer-Plattformen, weisen im direkten Vergleich zueinander, eine hohe Heterogenität auf. Dadurch ist eine vollständig automatisierte Qualitätskontrolle bis dato nicht umsetzbar. Nichtsdestotrotz sollte die Überprüfung der eingereichten Beiträge mit Hilfe eines teilautomatisierten Systems erfolgen. Im Falle der Texterstellung, sollte ein System vorabprüfen, ob die im Briefing enthaltenen Rahmenbedingungen allesamt erfüllt sind. Hierbei zu prüfen wäre, ob der geforderte Textumfang und die Anzahl der Keywords eingehalten wurde. Zusätzlich hierzu sollte der Text einer Rechtschreib- und Plagiatsprüfung unterzogen werden. Wird etwas vom System bemängelt, sollte die Lösung zur Überarbeitung an den Crowdsourcee zurückgeschickt werden. Anschließend kann die Lösung entweder direkt dem Crowdsourcer zugesandt werden oder der Beitrag wird nochmals von Seiten der Plattform zwischengelesen. Damit die Lösung ohne manuelle Überprüfung direkt an den Crowdsourcer geschickt werden kann, sollte die Plattform sich sicher sein, dass die Crowdsourcees tadellose Arbeit leisten. Erreicht wird dies, wenn den hier aufgeführten Handlungsempfehlungen Folge geleistet wird. In diesem Zusammenhang zu empfehlen ist, eine gewisse Anzahl der eingereichten Lösungen von einem Crowdsourcee zu kontrollieren. Erfolgt keine Beanstandung der eigereichten Lösungen, sollten weitere Beiträge nicht mehr manuell überprüft werden, sondern direkt an den Crowdsourcer weitergeleitet werden. Andererseits könnten eingereichte Beiträge anhand eines Peer-Reviews von anderen Crowdsourcees überprüft werden. Kommt es trotzdem vor, dass ein Crowdsourcer mit einer ihm zugesandten Lösung unzufrieden ist, sollte ein Supporter eigenständig mit Hilfe des Briefings darüber entscheiden, ob der Beitrag vom Crowdsourcee korrigiert werden muss.

6. 4 Handlungsempfehlungen für Designplattformen

Designplattformen sollten vor allem Steuerungs- und Kontrollmechanismen einsetzen, die gezielt bereits zu Beginn ungeeignete Crowdsourcees von der Plattform ausschließen, die die Crowd permanent weiter qualifizieren und den Crowdsourcer beim Erstellen des Briefings unterstützen.

Anreizmechanismen

Je nachdem, welches Konzept die Plattform verfolgt, wird die Crowd nur anhand extrinsischer Motive zur Mitarbeit bewegt oder ein Mix aus extrinsischen und intrinsischen Motiven kommt zum Einsatz. Die in dieser Arbeit befragte Designplattform CrowdRelations, setzt ausschließlich auf eine finanzielle Vergütung. Hierbei erhält jeder Crowdsourcee der einen Beitrag für eine Initiative einreicht, eine vorher festgelegte finanzielle Vergütung. Es spielt keine Rolle, ob die Lösung auch vom Crowdsourcer ausgewählt wird oder nicht. Im Gegensatz hierzu setzt 99Designs auf einen Mix aus extrinsischen und intrinsischen Anreizmechanismen. Bei 99Designs wird nur ein Gewinner aus allen Einsendungen ermittelt und nur dieser kann mit einer finanziellen Entlohnung rechnen. Daher müssen bei diesem Konzept auch intrinsische Anreizmechanismen implementiert werden. Empfohlen wird, Reputations- und Ranglisten von den erfolgreichsten Crowdsourcees zu veröffentlichen, wie z. B. „User des Monats" oder eine Liste der 100 erfolgreichsten Crowdsourcees des vorangegangenen Monats. Zusätzlich könnten Auszeichnungen für jeden gewonnenen Auftrag vergeben werden. Diese sollten im Profil des jeweiligen Crowdsourcees für jeden einsehbar sein.

Rekrutierung und Selektion

Potentiell neue Crowdsourcees sollten, bevor diese zur Plattform zugelasen werden, sich einer Vorqualifikation unterziehen. Hierzu sollte ein Crowdsourcee während des Registrierungsvorgangs dazu aufgefordert werden, der Plattform ein eigenständig angefertigtes Design zuzusenden. Während des Registrierungsvorgangs, könnte der Crowdsourcee, bei Bedarf, nach seinem bisherigen beruflichen Werdegang befragt werden. Eine Jury, bestehend aus mehreren Teilnehmern, sollte anschließend darüber abstimmen, ob der Crowdsourcee zur Plattform zugelassen oder abgelehnt wird.

Qualitätssicherheit

Das Briefing sollte vom Crowdsourcer eigenständig erstellt werden. Hierzu sollte sich die Plattform eines strukturierten Fragebogens, der Eingabefelder und Auswahlmöglichkeiten bereithält, bedienen (Anhang 2). Der strukturierte Fragebogen soll Hilfestellung leisten und sich dabei nur auf das wesentlichste beschränken. Zu jeder Designkategorie ist ein eigenständiger Fragebogen zu erstellen. Wichtig ist, dass der Fragebogen alles Wichtige abdeckt und keine weiteren Fragen seitens der Crowdsourcees entstehen. Dennoch kann es vorkommen, dass der Crowdsourcer Hilfestellung benötigt und daher sollten mehrere Kommunikationskanäle, wie z. B. E-Mail und Telefon dem Crowdsourcer offen stehen.

Eine weitere Möglichkeit, um die Sicherheit der Qualität zu gewährleisten, besteht darin, eine Höchstgrenze zu setzen, in wie vielen Designkategorien sich ein Crowdsourcee betätigen darf. Umgesetzt werden könnte dies bereits während des Registrierungsvorgangs, indem der Crowdsourcee vor die Wahl gestellt wird, sich für eine bestimmte Anzahl an Designkategorien zu entscheiden. Anhand dieser Festsetzung, sollen die Crowdsourcees dazu gebracht werden, sich nur in den Designkategorien zu betätigen, denen das größte Interesse gilt oder die besten Fertigkeiten vermutet werden. Desweiteren sollten die Crowdsourcees während des Registrierungsvorgangs einen Geheimhaltungsvertrag unterschreiben. Dieser soll den Crowdsourcer rechtlich schützen und ihm ein Gefühl von Sicherheit vermitteln.

Damit eine bestmögliche Qualität der Designs garantiert werden kann, sollte eine Designinitiative aus mehreren Runden bestehen. Die Anzahl der Runden sollte allerdings nicht allzu hoch ausfallen, da sonst die Motivation der Crowdsourcees darunter leiden könnte. Zu jeder Runde sollte ein Crowdsourcee einen Designvorschlag einreichen und anschließend hierzu Feedback erhalten.

Designplattformen, die nicht nur auf eine monetäre Vergütung als Anreizmechanimsen setzten, sollten einen Blog und Tutorials bereitstellen. Blogbeiträge und Tutorials sollten dazu genutzt werden, um den Crowdsourcees weiteres Wissen zu vermitteln. Hierzu zählt die praktische Weiterqualifizierung innerhalb von Designertools, wie z. B. Adobe Photoshop und Creative Suite. Mit Hilfe von Video-Tutorials, könnte beispielsweise auf neu erschienene Features von Designertools eingegangen werden. Blogbeiträge sollten die Crowdsourcees über die neuesten Trends im Kreativbereich informieren.

Qualitätskontrolle

Die folgenden drei Möglichkeiten stehen bereit, um aus allen eingereichten Designbeiträgen, ein Siegerdesign auszuwählen:

- Es findet eine Abstimmung innerhalb der Crowd statt. Hierzu kann ein Kriterienkatalog bereitgestellt werden. Mit Hilfe des Kriterienkatalogs, erfolgt die abschließende Bewertung eines jeden Designs. Vorteil eines solchen Vorgehens ist, dass eine Vielzahl von Meinungen in den Entscheidungsprozess einfließen und dadurch gewährleistet wird, dass die Bewertung sehr objektiv ausfällt.
- Der Crowdsourcer wählt ohne Zutun der Crowd, das für ihn beste Design aus. Nachteilig wirkt sich aus, dass die Auswahl sehr subjektiv auf Basis der eigenen Vorlieben erfolgt.
- Eine Mischung aus den beiden vorangegangenen Arten. Zuerst grenzt die Crowd, eigenständig mit Hilfe der Abstimmung, die bestehende Auswahl ein. Anschließend wählt der Crowdsourcer, unter diesen vorselektierten Designs, einen Gewinner aus.

6.5 Handlungsempfehlungen für Innovationsplattformen

Steuerungs- und Kontrollmechanismen für Innovationsplattformen sind vor allem dazu gedacht, um eine kooperative Zusammenarbeit zu fördern, eine reibungslose Kommunikation zu gewährleisten und die Koordination innerhalb der Crowd zu bewerkstelligen. Wichtig ist, dass nicht zu viele Steuerungsmechanismen zum Einsatz kommen sollten, da sonst der innovative Entstehungsprozess behindert wird.

Anreizmechanismen

Um Crowdsourcees zur Mitarbeit zu bewegen, sollte auf einen Mix aus extrinsischen und intrinsischen Motiven gesetzt werden. Der Gewinner oder die Gewinner einer Initiative, sollten finanziell oder mit Sachpreisen angemessen entlohnt werden. Zusätzlich hierzu, sollten die Gewinner auf der Plattform öffentlich ausgezeichnet werden.

Rekrutierung und Selektion

Neue Crowdsourcees sollten direkt auf Veranstaltungen aus der Kreativ- und der Startupszene akquiriert werden. Desweiteren stellen Social Media-Kanäle, wie z. B. Facebook, Twitter und Pinterest eine sehr gute Möglichkeit dar, potentielle Crowdsourcees für die Plattform zu begeistern.

Eine qualifikationsbasierte Vorselektion sollte nicht durchgeführt werden, da bei Innovationsplattformen vor allem innovative, neuartige und außergewöhnliche Ideen gesucht werden. Daher sollte die Crowd sich aus einer möglichst großen, heterogenen Masse zusammensetzten.

Qualitätssicherheit

Damit das Briefing übersichtlich bleibt und die Aufgabenstellung leicht verständlich für die Crowdsourcees ist, sollte das Briefing von der Plattform in Zusammenarbeit mit dem Crowdsourcer erstellt werden. Das Briefing kann dabei wie gewöhnlich in Textform, aber auch als Video erscheinen.

Dadurch, dass komplexe Aufgaben auch Gruppenweise bearbeitet werden, sind effiziente Informations- Kommunikationskanäle, wie z. B. Mailinglisten, Diskussionsforen und Archive von Nachrichtengruppen, zu implementieren. Damit die Kommunikation reibungslos verläuft und es zu keinen Beleidigungen oder Anfeindungen kommt, sollten Etiketten oder Kodizes vorhanden sein. Die einzelnen Kodizes sollten dem Crowdsourcee bereits während des Registrierungsvorgangs angezeigt werden. Desweiteren sollte ein Mechanismus bereitstehen, damit sich die einzelnen Crowdsourcees zu Gruppen zusammenfinden können. Bei größeren Gruppen sollte es möglich sein, anhand einer Abstimmung, einen Führer auszuwählen. Die Tätigkeiten des Führers, sollten für die Crowdsourcees schriftlich niedergeschrieben werden. Der Führer sollte kritische Entscheidungen treffen, alles Wichtige koordinieren, aber auch die Crowdsourcees zur Mitarbeit bewegen. Bei einem Regelverstoß eines Mitgliedes, sollte dieser öffentlich in der Gruppe angeprangert werden.

Blogbeiträge und Video-Tutorials, sollten Hilfestellungen zu den verschiedensten Themen sowie Antworten zu den wichtigsten Fragen geben. Zu empfehlen ist, Techniken und

Methoden im Rahmen einer Innovations- und Ideenfindung aufzuzeigen und näher zu erleutern.

Kommt der Fall vor, dass eine neu gestartete Initiative nicht richtig in Gang kommt, sollte die Plattform sich damit behelfen, eigene Beiträge mit gefakten Profilen zu veröffentlichen. Dabei soll der Eindruck erweckt werden, dass hinter den gefakten Beiträgen, echte Crowdsourcees stecken. Der Sinn dieser Maßnahme besteht darin, bei den Crowdsourcees bestehende Einstiegshürden abzubauen oder gar vollständig zu beseitigen.

Qualitätskontrolle

Die beste Lösung aus allen Beiträgen, kann mittels zwei verschiedenen Verfahren ausgewählt werden. Dem Crowdsourcer sollte es freistehen, welche Methode zur Anwendung kommt. Zum einen kann der Crowdsourcer alleine einen Sieger auswählen. Zum anderen kann die Crowd über den besten Beitrag abstimmen und einen Sieger küren. Den Crowdsourcees, wie auch dem Crowdsourcer, sollte hierzu eine Bewertungsskala bereitstehen. Diese unterstützt die Entscheidungsfindung. Die Bewertungsskala sollte aus mehreren Kriterien bestehen, die der Crowdsourcer einzeln bewerten muss. Aus diesen einzelnen Wertungen entsteht schlussendlich eine Gesamtbewertung.

6.6 Handlungsempfehlungen für Test- Marketing und Programmierplattformen

Die aus der Literaturrecherche ermittelten Steuerungs- und Kontrollmechanismen, stammen vor allem aus dem Bereich der Open Source-Entwicklung. Diese ähneln von den Aufgaben her stark, den der Test-, Marketing- und Programmierplattformen. Daher kann davon ausgegangen werden, dass die bei den Open Source-Projekten eingesetzten Mechanismen, ohne Probleme auf die Test-, Marketing- und Programmierplattformen übertragen werden können.

Anreizmechanismen

Es kann davon ausgegangen werden, dass die Crowdsourcees sowohl extrinsische, wie auch intrinsische Motive aufweisen. Daher sollten die Crowdsourcees eine angemessene finanzielle Vergütung erhalten. Zusätzlich hierzu sollten auch Auszeichnungen, wie z. B. „Crowdsourcee des Monats" vergeben werden.

Rekrutierung und Selektion

Die Plattformen sollten einen strukturierten Registrierungsprozess implementieren. Dieser dient dazu, um relevante Informationen über die Bewerber zu erhalten, z. B. über welche

Qualifikationen und Fertigkeiten die potentiellen Crowdsourcees verfügen. Der Anmeldeprozess kann auch als eine Art Einstiegshürde betrachtet werden. Bei Bedarf können im Registrierungsprozess weitere Daten über die Bewerber erhoben werden. Desweiteren sollten nicht geeignete Crowdsourcees, bereits im Anmeldeprozess ausselektiert werden. Hierzu kann ein Einstiegstest implementiert werden (Zogaj, Bretschneider 2014).

Qualitätssicherheit

Dadurch, dass es sich bei den Test-, Marketing- und Programmierplattformen um komplexe Aufgaben handelt, sollte eine Gesamtaufgabe in mehrere einzelne Teilaufgaben aufgeteilt werden. Diese können von den Crowdsourcees schneller erledigt werden. Es ist wichtig, dass bei jeder Teilaufgabe, der gewünschte Output mit angegeben wird. Nebendies benötigen die Crowdsourcees wesentlich geringere Fähigkeiten zum Bearbeiten von kleineren Aufgabenpaketen.

Die Komplexität der hier angebotenen Aufgaben kann sehr hoch ausfallen. Daher sollten bei Bedarf, Hierarchiestufen mit den dazugehörigen verschiedenen Rollen eingeführt werden. Arbeiten mehrere Crowdsourcees an einer Aufgabe, müssen geeignete Informations- und Kommunikationsinstrumente implementiert werden. Hier könnte vor allem der Einsatz von Mailinglisten, Archiven und Diskussionsforen, die Kommunikation erleichtern und den Austausch von Wissen fördern. Dadurch, dass mehrere am Quellcode arbeiten, sollten CVS eingesetzt werden. Auf diese Weise wird sichergestellt, dass begangene Fehler wieder rückgängig gemacht werden können. Kodizes können dabei helfen, die Kommunikation unter den Projektmitgliedern zu fördern. Dadurch, dass bei Durchführung von Marketing-, Test- und Programmieraufgaben auch unternehmensinterne Daten an die Crowdsourcees herausgegeben werden müssen, sollten Crowdsourcees Vertraulichkeitserklärungen unterschreiben.

Damit die Crowd dauerhaft up-to-date bleibt, sollten Qualifizierungsmaßnahmen implementiert werden. Eine Möglichkeit wäre, das sog. permanente Coaching. Hierbei reichen erfahrene Crowdsourcees ihr Wissen weiter, z. B. in einem Forum, Chat oder Telefongespräch (Zogaj, Bretschneider 2014). Ein weiterer Weg, die Crowdsourcees immer auf dem neuesten Wissensstand zu bringen, ist die Bereitstellung von Tutorials und Webinaren.

Qualitätskontrolle

Neu erscheinende Aufgaben könnten entweder, öffentlich ausgeschrieben oder einer begrenzten Gruppe von Crowdsourcees automatisch zur Bearbeitung vorgeschlagen werden. Hierbei sollte eine Aufgabe den Crowdsourcees zugewiesen werden, die zur Bearbeitung einer Aufgabe am geeignetsten sind. Die Plattform kann sich hierzu an den bisherigen

Arbeitsverlauf der Crowdsourcees halten. Beispielsweise könnten die Plattformen Statistiken erstellen, über die Arten von Aufgaben, die ein Crowdsourcee bisher erfolgreich erledigt hat. Diese Informationen könnten in einer, für jeden einsehbaren Reputationsliste, veröffentlicht werden. Auch könnte eine Auswahlbox implementiert werden, in der jeder Crowdsourcee angeben muss, wo die eigenen Stärken liegen. Die Auswahl sollte dabei begrenzt sein, d. h. der Crowdsourcee dürfte beispielsweise nur fünf von zwanzig Eigenschaften auswählen. Eine automatisierte Qualitätskontrolle von Test-, Marketing- und Programmierplattformen, ist durch die Komplexität und Heterogenität der Aufgaben nicht möglich. Daher sollten die eingereichten Lösungen von der Plattform probeweise manuell überprüft werden (Zogaj, Bretschneider 2014). Anhand der vorangegangenen Fehlerquote eines Crowdsourcees, sollte die Plattform entscheiden, ob zukünftige von einem Crowdsourcee eingereichte Lösungen geprüft oder diese direkt an den Crowdsourcer weitergeleitet werden. Beispielsweise könnten die ersten zwanzig eingereichten Lösungen eines Crowdsourcees überprüft und daraus dann eine Fehlerquote ermittelt werden. Bewegt sich die Fehlerquote bei über 10 %, sollte jede einzeln eingereichte Lösung solange überprüft werden, bis die Quote wieder auf unter 10 % fällt. Anschließend empfiehlt es sich, die Lösungen nur Stichprobenartig zu kontrollieren.

7 Fazit

Die vorliegende Forschungsarbeit schließt im Folgenden mit einer Zusammenfassung des Vorgehens, der wesentlichen Erkenntnisse, dem derzeitigen Forschungsstand und einer kritischen Reflexion ab.

7. 1 Zusammenfassung

Das Ziel der vorliegenden Forschungsarbeit bestand darin, für Crowdsourcing Intermediäre geeignete Steuerungs- und Kontrollmechanismen zu identifizieren. Um dieser Zielsetzung gerecht zu werden, fand eine ausführliche theoretische Ausarbeitung zum Begriff Crowdsourcing statt. Einen Schwerpunkt bildete die Kategorisierung der unterschiedlichen Crowdsourcing Plattformen. Hierzu wurden bestehende Kategorisierungsansätze aus der Literatur ermittelt und gegenübergestellt. Die Notwendigkeit einer Kategorisierung der Plattformen ergab sich aus dem Umstand, dass die unzählig existierenden Plattformen den Fokus auf unterschiedliche Arten von Aufgaben legten. Daher genügt es nicht, generell für Plattformen geeignete Steuerungs- und Kontrollmechanismen zu identifizieren. Die identifizierten Mechanismen sollten speziell den einzelnen Plattformen zugeordnet werden. Anhand einer Gegenüberstellung, konnte der für diese Forschungsarbeit geeignetste Kategorisierungsansatz bestimmt werden. Der zu wählende Kategorisierungsansatz sollte zum einen, keine zu hohe Komplexität und zum anderen, eine gewisse Trennschärfe zwischen den einzelnen Kategorien aufweisen. Daher erschien der Kategorisierungsansatz von Mehlau (2014) für die weitere Ausarbeitung am geeignetsten. Die Kategorisierung von Mehlau (2014) ordnet die Plattformen in die fünf Kategorien, Crowdwork-, Freelancer-, Design-, Entwicklungs-, Test-, Marketing- und Innovationsplattformen ein.

Passende Steuerungs- und Kontrollmechanismen, konnten anhand einer Literaturrecherche identifiziert werden. Diese identifizierten Mechanismen stammen allesamt aus dem Open Source-Bereich und kamen dort bereits vermehrt sowie erfolgreich zum Einsatz. Bei der Identifizierung geeigneter Steuerungs- und Kontrollmechanismen aus der Literatur, wurde sich bewusst auf den Open Source-Bereich beschränkt. Einerseits wird davon ausgegangen, dass die Motivatoren, die hinter der Teilnahme an OS-Projekten und Crowdsourcing Initiativen stecken, Ähnlichkeiten aufweisen, andererseits fällt die Arbeitsweise gleich aus. Die bereitgestellten Aufgaben, werden von weltweitverteilten, sich freiwillig betätigten, Teilnehmern bearbeitet. Diese Aufgaben können ortsunabhängig gelöst werden und somit müssen geeignete webbasierte Informations- und Kommunikationssysteme zum Einsatz kommen. Ein großer Vorteil der eingesetzten Mechanismen in OS-Projekten liegt darin, dass diese bereits erfolgreich in unterschiedlichen Projekten Anwendung fanden. Daher erschien die Überführung der in den OS-Projekten eingesetzten Steuerungs- und

Kontrollmechanismen, auf den Fall Crowdsourcing, am geeignetsten. Die identifizierten Mechanismen wurden der Übersichtlichkeitshalber in drei Kategorien zusammengefasst:

Governance Mechanismen zur Akquisition und Selektion

- Teilnehmerrekrutierung - Erstellung von Handbüchern und Tutorials auf Basis von Dokumentationsleitfäden, um die Einstiegshürden für potentielle Teilnehmer zu senken.
- Teilnehmerselektion - Ungeeignete Teilnehmer anhand eines vierphasigen Anmeldeprozesses ausselektieren. Dieser setzt sich zusammen aus Erstkontakt, Überprüfung der Identifikation, Probearbeit und Genehmigung.

Governance Mechanismen zur Steuerung und Kontrolle

- Lokale Treffen und Events - Konferenzen und lokale Gruppentreffen.
- Modularisierung - Aufteilung einer Gesamtaufgabe in mehrere Teilaufgaben.
- Reputationslisten - Veröffentlichung von Ranglisten sowie Reputationslisten erbrachter Leistungen, die nach Qualität und Quantität geordnet werden können.
- Kodizes - Einführung eines Kodex, der der Kommunikation von Normen dient.
- Rollenverteilung - Zuteilung verschiedener Rollen für die unterschiedlichen Aufgabentypen.
- Technische Rechteebene - Zugriff auf bestimmte technische Funktionalitäten, z. B. Zugriff auf Adminfunktion.
- Vergabe von Privilegien - Teilnahme an bestimmten Projekten. Vergabe von Titeln und Rangbezeichnungen innerhalb der Community.
- Preise und Awards - Erhalt von Geld-, und Sachpreisen, wie z. B. Gutscheine oder Auszeichnung als „User des Monats".
- Informations- und Kommunikationstechnologien - Einführung von Informations- und Kommunikationstechnologien, z. B. Mailinglisten, Archive von Nachrichtengruppen, Diskussionsforen und einheitliche Systeme zur Versionsverwaltung (CVS).

Governance Mechanismen zur kooperativen Zusammenarbeit

- Anerkennung von Reputation – Community-interne Anerkennung von Leistung, z. B. Programmierkenntnissen.
- Peer Review von Beiträgen - Gegenseitiges Beurteilen und Kommentieren von Ergebnissen.
- Entscheidung über Führer - Wird ein autokratischer Führungsstil betrieben oder wählen die Mitglieder den Führer selber aus? Mitglieder die bereits hoch eingesehen Beiträge eingebracht haben, sollten sich zur Wahl des Führers aufstellen.

- Sanktionierung - Öffentliches Anprangern in der Community von informellen oder formellen Regelverstößen.
- Entscheidungsfindung - Werden Entscheidungen zentralisiert oder dezentralisiert gefällt?

Auf Grundlage der Literaturrecherche und den infolgedessen gewonnenen Erkenntnissen, wurde der Vorschlag unterbreitet, sich bei der Gestaltung der Aufgaben an das Job Characteristic Model zu halten. Das JCM zeigt eindrucksvoll auf, wie Aufgaben geschaffen sein müssen, damit diese positive Auswirkungen auf die Zufriedenheit der Arbeit entfalten (Schmidt, Kleinbeck 1999). Das JCM wurde zwar für Produktionsmitarbeiter entwickelt, kann aber auch für den Fall Crowdsourcing überführt werden. Nach dem JCM, sollten die anfallenden Tätigkeiten, die bei der Bearbeitung einer Aufgabe einzubringen sind, nicht zu monoton sein. Vielmehr sollte die Aufgabenbearbeitung vielfältige Tätigkeiten vom Crowdsourcee abverlangen. Dem Crowdsourcee sollte es frei zustehen, bei einer vorangegangenen Modularisierung der Gesamtaufgabe, sich an allen einzelnen Teilaufgaben zu beteiligen. Desweiteren sollte eine zu bearbeitende Aufgabe den Crowdsourcees darlegen können, welchen positiven Mehrwert für andere Personen und Institutionen diese hat. Plattformen sollten neuerscheinende Aufgaben nicht automatisiert zur Bearbeitung an Crowdsourcees zuordnen. Crowdsourcees sollte es frei zustehen dürfen, nur die Aufgaben zu bearbeiten, an denen Interesse besteht. Eine Autonomieeinschränkung seitens der Crowd, sollte soweit möglich, vermieden werden. Abschließend sollte nach dem JCM ein Crowdsourcee nach Bearbeitung einer Aufgabe, Feedback von Seiten der Plattform oder dem Crowdsourcer erhalten. Bereitgestellte Aufgaben im Crowdsourcing, sollten anhand dieser fünf Merkmale gestaltet werden. Neben der Aufgabengestaltung, hat die vorliegende Forschungsarbeit auch eine optimale Hierarchiestruktur für Crowdsourcing Initiativen vorgestellt. Anhand der bis dato getätigten Erkenntnisse wurde empfohlen, Rollen einzuführen und diese innerhalb der Hierarchiestruktur nach dem Prinzip der Meritokratie zu besetzten. Bei Meritokratie werden Crowdsourcees anhand ihrer bisherigen Leistung für die einzelnen, zu besetzenden Rollen, ausgewählt.

Nach dieser tiefgreifenden Literaturrecherche, sollten die bisher getätigten Erkenntnisse untermauert, aber zusätzlich hierzu auch weitere effektive Steuerungs- und Kontrollmechanismen identifiziert werden. Um diesen beiden Anforderungen vollständig gerecht zu werden, wurden leitfadengestützte Experteninterviews mit Crowdsourcing Intermediären durchgeführt. Um ein möglichst differenziertes Bild zu erhalten, wurden fünf Plattformen, die den vier Kategorien Crowdwork-, Freelancer-, Design- und Innovationsplattformen zugeordnet werden können, befragt. Anhand der Experteninterviews konnten weitere Steuerungs- und Kontrollmechanismen identifiziert werden. Hierbei konnte identifiziert werden, dass Steuerungsinstrumente mit monetärem Charakter, als sehr effektiv anzusehen sind und diesen daher der größte Stellenwert beigemessen werden sollte. Nichts desto trotz, nahmen auch Steuerungs- und Kontrollmechanismen einen gewissen Stellenwert ein, die auf intrinsische Motive zielen. Hierzu sollten sich Plattformen, Gamifikation-Elemente wie Reputationslisten, Rangauszeichnungen etc. bedienen. Desweiteren stufte die Mehrzahl der befragten Intermediäre eine offene, freundliche und hilfsbereite Kommunikation mit der Crowd, als ein sehr wichtiges Steuerungsinstrument ein. Auf Basis der Literaturrecherche zu Beginn und den anschließenden, aus den Experteninterviews ermittelten, empirisch fundierten Ergebnissen, wurden für die unterschiedlichen Crowdsourcing Plattformen Handlungsempfehlungen, bezüglich Steuerungs- und Kontrollmechanismen, abgeleitet. Diese abgeleiteten Handlungsempfehlungen bildeten den Schluss der Forschungsarbeit.

7. 2 Kritische Reflexion der Methodik

Durch die ausführliche Literaturrecherche, konnte eine Fülle an Steuerungs- und Kontrollmechanismen identifiziert werden, jedoch stammen diese Mechanismen allesamt aus dem OS-Bereich. Zwar lassen sich innerhalb der Arbeitsausführung von OS-Projekten und Crowdsourcing Initiativen Parallelen beobachten, dennoch kann nicht mit Sicherheit davon ausgegangen werden, dass allesamt dieser identifizierter Steuerungs- und Kontrollmechanismen ohne weiteres auf das Konzept Crowdsourcing überführt werden können. Desweiteren kann der empirischen Ausarbeitung in Bezug zu den getätigten Handlungsempfehlungen, nur eine begrenzte Aussagekraft beigemessen werden. Dies resultiert aus der zu geringen Anzahl an durchgeführten Experteninterviews.

7. 3 Beitrag zum Forschungsstand und Ausblick

Die vorliegende Forschungsarbeit leistet einen großen Beitrag zur vorherrschenden Forschungslücke, die derzeit noch hinsichtlich Steuerungs- und Kontrollmechanismen in Crowdsourcing Initiativen beobachtet werden kann. Wie bereits eingangs aufgeführt, beschäftigten sich bisher nur die Publikationen von Jain (2010) und die von Zogaj und Bretschneider (2014) explizit mit Steuerungs- und Kontrollmechanismen. Die hier vorliegende Arbeit greift die in den beiden Publikationen gewonnenen Erkenntnisse auf und führt diese weiter. Zusammenfassend hierzu gehört, dass weitere für Crowdsourcing Initiativen geeignete Steuerungs- und Kontrollmechanismen identifiziert werden konnten. Desweiteren wurde aber auch die optimale Hierarchiestruktur vorgestellt sowie darauf eingegangen, wie Aufgaben optimal für Crowdsourcing Initiativen zu gestalten sind. Auf Grundlage der geringen empirischen Basis, sind die getätigten Handlungsempfehlungen für die einzelnen kategorisierten Plattformen, nicht als abschließend anzusehen. Inwieweit die Handlungsempfehlungen für die fünf Plattformkategorien tatsächlich als geeignet einzustufen sind, sollte anhand von weiteren empirischen Studien bestimmt werden. Zwar leistet die vorliegende Arbeit einen Beitrag, die vorhandene Forschungslücke zu verringern, dennoch taten sich im Verlauf der Erstellung weitere Fragen auf. Die Motivation, die die Crowdsourcees zur Mitarbeit an Crowdsourcing Initiativen veranlasst, kann noch nicht ausreichend erklärt werden. Doch können effektive Steuerungs- und Kontrollmechanismen für die einzelnen Plattformkategorien nur dann bestimmt werden, wenn auch die Motive, der sich darin betätigenden Crowd, klar sind. Deshalb ist es erforderlich, dass in weiteren Forschungsarbeiten die Beweggründe der Crowdsourcees in den fünf Plattformkategorien untersucht werden. Geeignete Steuerungs- und Kontrollmechanismen für die Plattformkategorien zu identifizieren, ist jedoch nur die eine Seite der Medaille. Die andere Seite besteht darin, auch ungeeignete Mechanismen zu identifizieren. Nur dadurch ist es möglich, sich ein vollständiges Gesamtbild zu verschaffen und hierauf basierend Handlungsempfehlungen abzuleiten.

Literaturverzeichnis

Achtenhagen, L., Müller-Lietzkow, J. und Knyphausen-Aufseß, D. z. (2003): Das Open Source-Dilemma: Open Source-Software zwischen freier Verfügbarkeit und Kommerzialisierung. In: Schmalenbachs Zeitung für betriebswirtschaftliche Forschung, Vol. 55, S. 455-481.

Afuah, A. & Tucci, C. L. (2012): Crowdsourcing as a solution to distant search. Academy of Management Review, 37 (3), S. 355-375.

Bänsch, A. (2002): Käuferverhalten, 9 Aufl. München 2002.

Blohm, I., Leimeister, J.M. (2013): Gamification. In: Wirtschaftsinformatik. August 2013, Volume 55, Issue 4, pp 275-278.

Blohm, I., Leimeister, J.M., Wenzlaff, K., Gebert, M. (2013): Crowdfunding-Studie 2013/2014. Analyse, Perspektiven und Erfolgsfaktoren innovativer Unternehmens- und Projektfinanzierungsformen.

Bonaccorsi, A., Rossi, C. (2003): Why Open Source software can succeed. Research Policy, 32, 1243 – 1258.

Borst, I. (2011): Understanding Crowdsourcing - Effects of Motivation and Reward on Participation and Performance in Voluntary Online Activities. In: ERIM Electronic Series in Research in Management, 221.

Brabham, D.C. (2008a): Crowdsourcing as Model of Problem Solving, in: Convergence, Jg. 14, Heft 1, S. 75-90.

Brabham, D. C. (2008b): Crowdsourcing as Model of Problem Solving. In: Convergence, Jg. 14, Heft 1, S. 75-90.

Coleman, E. G., & Hill, B. (2005): The social production of ethics in Debian & free software communities: Anthropological lessons for vocational ethics. In Koch (2005), pp. 273–295.

Deci, E. L., Ryan, R. M. (1985): Intrinsic motivation and self-determination in human behavior. New York: Plenum.

Dillenbourg, P., Poirier, C., Charles, L. (2002): Communautés virtuelles d'apprentissage: e-jargon ou nouveau paradigme? TECFA, Faculté de Psychologie et des Sciences de l'Education, Université de Genève, Suisse.

Donaldson, L., Davis, J.H. (1991): Stewardship theory or agency theory: CEO governance and shareholder returns, Australien Journal of Management 16.

Dresing, T., & Pehl, T. (2010): Transkription. In Mey, Günter & Mruck, Katja (Hrsg.), Handbuch Qualitative Forschung in der Psychologie (S.723-733). Wiesbaden: VS-Verlag.

Estellés-Arolas, E., González-Ladrón-de-Guevara, F. (2012): Towards an integrated crowdsourcing definition. In: Journal of Information Science, Jg. 38, Heft 2, S. 189-200.

Flick, U. (2012): Qualitative Sozialforschung. Eine Einführung. 5. Auflage Reinbek bei Hamburg: Rowohlt-Taschenbuch-Verlag.

Forst, B., Holzwarth, C. (2001): Motivation in Communities of Practice. New Management, 70(10): 53-59.

Frank, E., Jungwirth, C. (2003): Reconciling Rent-Seekers and Donators – The Governance Structure of Open Source. In: Journal of Management and Governance 7: 401–421, 2003.

Fried, Y., Ferris, G. R. (1987): The validity of the job characteristics model: A review and a meta-analysis. Personnel Psychology, 40, 287-322.

Fuchs-Heinritz, W., Klimke, D., Lautmann, R., Rammstedt, O, Stähli, U., Weischer, C., Wienold, H. (2010): Lexikon zur Soziologie. 5. Auflage. Westdeutscher Verlag, Opladen 1994, S. 368.

Geiger, D., Rosemann, M., Fielt, E., Schader, M. (2012): Crowdsourcing Information Systems - Definition, Typology, and Design. Thirty Third International Conference on Information Systems. Orlando.

Geiger, D., Seedorf, S., Schulze, T., Nickerson, R., Schader, M. (2011): Managing the Crowd: Towards a Taxonomy of Crowdsourcing Processes. In: Proceeding of the Seventeenth Americas Conference on Information Systems.

Glaser, B. G., (1965): The Constant Comparative Method of Qualitative Analysis. In: Social Problems, 12, 436ff.

Glaser, B G., Strauss, A. L. (1967): The Discovery of Grounded Theory. Strategies for Qualitative Research, Mill Valley: The Sociology Press.

Glaser, B. G., Strauss, A. L., (1979): Die Entdeckung gegenstandsbezogener Theorie: Eine Grundstrategie qualitativer Sozialforschung. In: Christel Hopf und Elmar Weingarten, Qualitative Sozialforschung, Stuttgart: Klett-Cotta, 91ff.

Hackman, J. R., Oldham, G. R. (1980): Work redesign. Reading: Addison-Wesley.

Hammon, L., Hippner, H. (2012): Crowdsourcing. In: Wirtschaftsinformatik, Jg. 54 Heft 3, S. 165–168.

Hippel, E. (2001): Innovation by user communities: Learning from open source software. In: Sloan Management Review, Vol. 18, S. 82-86.

Holck, J., Jørgensen, N. (2003): Continuous Integration and Quality Assurance: a case study of two open source projects. Australian J. of Inf. Systems 11 (1).

Howe, J. (2006): The Rise of Crowdsourcing. In: Wired Magazine, Jg. 14, Heft 6, S. 1-4.

Howe, J. (2008): Crowdsourcing: Why the Power of the Crowd is Driving the Future of Business, New York 2008.

Hossain, M. (2012): Crowdsourcing: Activities, Incentives and Users` Motivations to Participate, in: 2012 International Conference on Innovation, Management and Technology Research (ICIMTR2012).

Hoßfeld, T., Hirth, M. & Tran-Gia, P. (2012): Aktuelles Schlagwort: Crowdsourcing. Informatik Spektrum, 35(3), S. 204-208.

Jain, R. (2010): Investigation of Governance Mechanisms for Crowdsourcing Initiatives. In: AMCIS 2010 Proceedings.

Joraschkewitz, I., Gluch, D., Kauschalek F., Lange, I. (2009): Motivierungspotenziale im Einsatz für innovationsfördernde Unternehmenskultur. In: Innovationen an der Schnittstelle zwischen technischer Dienstleistung und Kunden. (Hrsg.) Herrmann, T., Kleinbeck, U., Ritterskamp, C. Vol. 2 Methoden und Strategien. Physica-Verlag.

Kaufmann, N., Schulze, T. (2011): Worker, Motivation in Crowdsourcing and Human Computation. In: AMCIS 2011 Proceedings.

Kluge, S. (1999): Empirisch begründete Typenbildung. Zur Konstruktion von Typen und Typologien in der qualitativen Sozialforschung. Opladen, Leske + Budrich.

Koch, S., Schneider, G. (2000): Results from Software Engineering Research into Open Source Development Projects Using Public Data, Diskussionspapiere zum Tätigkeitsfeld Informationsverarbeitung und Informationswirtschaft, Nr. 22, Wirtschaftsuniversität Wien.

Kuckartz, U. (2010): Einführung in die computergestützte Analyse qualitativer Daten. 3. Auflage. Wiesbaden: VS-Verlag.

Laat, P. B. (2007): Governance of open source software: state of the art. Springer Science+Business Media B.V. 2007

Lattemann, C., Stieglitz, S. (2005): Rahmen für eine Governance in Open-Source-Projekten. Conference Paper: Workshop GeNeMe 2005 – Gemeinschaften in Neuen Medien, At TU Dresden.

Leimeister, J. M., Huber, M., Bretschneider, U., Krcmar, H. (2009): Leveraging Crowdsourcing: Activation-Supporting Components for IT-Based Ideas Competition. In: Journal of Management Information Systems, Jg. 26, Heft 1, S. 197–224.

Leimeister J. M. (2013): Crowdsourcing: Crowdfunding, Crowdvoting, Crowdcreation. In: Zeitschrift für Controlling und Management (ZFCM), Ausgabe/Number:m56, Erscheinungsjahr/Year: 2012. Seiten/Pages: 388-392.

Leimeister, J. M., Zogaj, S. (2013): Neue Arbeitsorganisation durch Crowdsourcing. Eine Literaturstudie. In: Hans-Böckler-Stiftung - Arbeitspapier 287, Düsseldorf.

Lerner, J., Tirole, J. (2002): Some simple economic rationale of open source. Journal of Industrial Economics, 50, 197-234.

Lerner, J., Tirole, J. (2005): Economic Perspectives on Open Source. In: Perspectives on Free and Open Source Software. Hrsg.: Lakhani, K. R., The MIT Press, Cambridge, London, S. 45-78.

Lopez, M., Vukovic, M., Laredo, J. (2010): People Cloud Service for Enterprise Crowdsourcing. In: IEEE International Conference on Services, S. 686-692.

Rosenstiel, L. (2007): Grundlagen der Organisationspsychologie. 6. Auflage. Stuttgart: Schäffer-Poeschel Verlag. S. 240-241.

Malone, T. W., Laubacher, R., & Johns, T. (2011): The Big Idea: The Age of Hyperspecialization. Harvard Business Review, (Jg. July 2011).

Markus, M. L., Manville, B. and Agres, C. (2000): What makes a virtual organization work Lessons from the open source world. Sloan Management Review, 42(1), 13 - 26.

Markus, U. (2002): Integration der virtuellen Community in das CRM: Konzeption, Rahmenmodell, Realisierung. Josef Eul Verlag, Lohmar, Köln.

Markus, M. L. (2010): The Governance of free/open source software projects: monolithic, multidimensional, or configurational? In: J Manage Governance (2007) 11:151-163.

Martin, N., Lessmann, S., Voß, S. (2008): Crowdsourcing: Systematisierung praktischer Ausprägungen und verwandter Konzepte. In: Tagungsband Multikonferenz Wirtschaftsinformatik (MKWI'08), S. 1251–1263.

Mayring, P. (1985): Qualitative Inhaltsanalyse. In: Jüttemann, G. (Hg.): Qualitative Forschung in der Psychologie. Grundfragen, Verfahrensweisen, Anwendungsfelder. Weinheim u. Basel, Beltz.

Mehlau, L. (2014): Entwicklung einer empirischen Taxonomie intermediärer Crowdsourcing-Plattformen. Masterarbeit, Universität St.Gallen.

Meuser, M., Nagel, U. (1991): ExpertInneninterviews – vielfach erprobt, wenig bedacht. Ein Beitrag zur qualitativen Methodendiskussion. In Detlev Garz & Klaus Kraimer(Hrsg.),

Qualitativ-empirische, Sozialforschung. Konzepte, Methoden, Analysen. (S.441-471). Opladen: Westdeutscher Verlag, S. 443).

Meuser M., Nagel U. (2003): Experteninterview. In: Bohnsack R., Marotzki W., Meuser M. (Hrsg) Hauptbegriffe Qualitativer Sozialforschung. Opladen, S 57–58.

Mockus, A., Fielding, R. T. und Herbsleb, J. (2005): Two Case Studies of Open Source Software Development: Apache and Mozilla. In: Perspectives on Free and Open Source Software. Hrsg.: Lakhani, K. R., MIT Press, Cambridge, London, S. 163-211.

Moon, J. Y., Sproull, L. (2000): Essence of decision: The case of the Linux kernel.

Muhdi, L., Boutellier, R. (2011): Motivational factors affecting participation and collaboration of members in two different Swiss Innovation communities. In: International Journal of Innovation Management (IJIM), Jg. 15, Heft 3, S. 543–562.

Nakamura, J., Csikszentmihalyi, M. (2002): The construction of meaning through vital engagement. In C. Keyes & J. Haidt (Eds.), Flourishing (pp. 83-104). Washington, DC: American Psychological Association Books.

Olson, M. (1965): The Logic of Collective Action: Public Goods and the Theory of Groups. Cambridge University Press, Cambridge.

O'Mahony, S.; Ferraro, F. (2003): Managing the boundary of an "open" project. In J. Padget & W. Powell (Eds.), Market emergence and transformation. Cambridge, MA: MIT Press.

O'Mahony, S. (2007): The governance of open source initiatives: what does it mean to be community managed? In: Journal of Management & Governance May 2007, Volume 11, Issue 2, pp. 139-150.

Osterloh, M., Rota, S. und Kuster, B. (2004): Open-Source-Softwareproduktion: Ein neues Innovationsmodell? In: Open Source Jahrbuch 2004 - Zwischen Softwareentwicklung und Gesellschaftsmodell. Hrsg.: Lutterbeck, B., Lehmanns Media, Berlin, S. 121-138.

Pedersen, J., Kocsis, D., Tripathi, A., Tarrel, A., Weerakoon, A., Tahmasbi, N., et al. (2013): Conceptual Foundations of Crowdsourcing: A Review of IS Research, 2013 46th Hawaii International Conference on System Sciences (pp. 579 - 588).

Personnel Today (2010): http://www.personneltoday.com/hr/ibm-crowd-sourcing-could-see-employed-workforce-shrink-by-three-quarters/, zugegriffen am 21.07.2014.

Raymond, E. S. (1999): The Cathedral and the Bazaar. O'Reilly Media, Sebastopol.

Renninger, K. A. und Shumar, W. (2002): Community Building with and for Teachers at the Math Forum. In: Building Virtual Community - Learning and Change in Cyberspace. Hrsg.: Shumar, W., Cambridge University Press, Cambridge, S. 60-95.

Riedl, C., Blohm, I., Leimeister, J. M., Krcmar, H. (2010): Rating Scales for Collective Intelligence in Innovation Communities: Why Quick and Easy Decision Making Does Not Get it Right. In: Proceedings of Thirty First International Conference on Information Systems.

Rouse, A. C. (2010): A Preliminary Taxonomy of Crowdsourcing. Australasian Conferences on Information Systems (ACIS).

Ryan, R. M., Deci, E. L. (2000): Intrinsic and Extrinsic Motivations: Classic Definitions and New Directions. Contemporary Educational Psychology, 25, 54-67.

Schmidt, K. H., Kleinbeck, U., Rohmert, W. (1981): Die Wirkung von Merkmalen der Arbeitssituation und Persönlichkeitsvariablen auf die Arbeitszufriedenheit und andere motivationsbezogene Einstellungsvariablen. Überprüfung eines Modells. Zeitschrift für Experimentelle und Angewandte Psychologie, 28(3), 465-485.

Schmidt, K. H., Kleinbeck, U. (1999): Job Diagnostic Survey (JDS - deutsche Fassung). In H. Dunckel (Hrsg.), Handbuch psychologischer Arbeitsanalyseverfahren (S. 205-230). Zürich: vdf, Hochschulverlag an der ETH Zürich.

Schneider, V., Kenis, P. (1996): Verteilte Kontrolle: Institutionelle Steuerung in modernen Gesellschaften. In: Patrick Kenis/Volker Schneider (Hrsg.), Organisation und Netzwerk. Institutionelle Steuerung in Wirtschaft und Politik. Frankfurt/Main: Campus, 9-43.

Schenk, E., Guittard, C. (2009): Crowdsourcing: What can be Outsourced to the Crowd, and Why? HAL: Sciences de l'Homme et de la Société.

Shah, S. (2004): Understanding the Nature of Participation & Coordination in Open and Gated Source Software Development Communities. Sixty-third Annual Meeting of the Academy of Management, New Orleans.

Shah, S. (2006): Motivation, Governance, and the Viability of Hybrid Forms in Open Source Software Development, Management Science, 52, 7, 1000-1014.

Sharma, S., Sugumaran, V., Rajagopalan, B. (2002): A framework for creating hybrid-open source software communities. In: Info Systems J (2002) 12, 7-25.

Simula, H. (2013): The Rise and Fall of Crowdsourcing? In: 46th Hawaii International Conference on System Sciences.

Stegbauer, C. (2009): Wikipedia: Das Rätsel der Kooperation. VS Verlag für Sozialwissenschaften.

Stieglitz, S. (2008): Steuerung Virtueller Communities: Instrumente, Mechanismen, Wirkungszusammenhänge. Gabler Edition Wissenschaft.

Stürmer, M. und Myrach, T. (2006): Open Source Community Building. In: Open Source Jahrbuch 2006. Hrsg.: Gehring, R. A., Lehmanns Media, Berlin, S. 219-234.

Surowiecki, J. (2004): The wisdom of crowds: Why the many are smarter than the few and how collective wisdom shapes business, economies, societies, and nations, 1. Aufl., New York 2004.

Tedjamulia, S., Olsen, D., Dean, D. und Albrecht, C. (2005): Motivating Content Contributions to Online Communities: Toward a More Comprehensive Theory. 38th Hawaii International Conference on System Sciences, Hawaii.

Torvalds, L. (1998): What motivates free software developers? In: Firstmonday, Vol. 3 (3).

Unterberg, U. (2010): Crowdsourcing, in: Michelis, D., Schildhauer, T. (Hrsg.): Social Media Handbuch: Theorien, Methoden, Modelle, Baden-Baden 2010, S. 121 – 135.

Vukovic, M. (2009): Crowdsourcing for Enterprises. In: 2009 Congress on Services - I, S. 686–692.

Wenger, E., McDermott, R. und Snyder, W. M. (2002): Cultivating Communities of Practice. Harvard Business School Press, Boston.

Wiedemann, P. (1995): Gegenstandsnahe Theoriebildung. In: Flick, U., Kardorff, E.v., Keupp, H., Rosenstiel, L.v., Wolff, St. (Hrg.): Handbuch qualitative Sozialforschung. Grundlagen, Konzepte, Methoden und Anwendungen. 2. Aufl., Weinheim, Beltz, Psychologie-Verlags-Union, S. 440-445.

Whitla, P. (2009): Crowdsourcing and its application in marketing activities. Contemporary Management Research, 5(1), S. 15-28.

Wilson, B. (2001): Sense of community as a valued outcome for electronic courses, cohorts and programs. Paper presented at the VisionQuest PT3 Conference in Denver, July, 2001.

Winkler, K., Mandl, H. (2004): Virtuelle Communities - Kennzeichen, Gestaltungsprinzipien und Wissensmanagement-Prozesse. Forschungsbericht Nr. 166. Ludwig-Maximiliams-Universität, München.

Witzel, A. (1982): Verfahren der qualitativen Sozialforschung – Überblick und Alternativen. Frankfurt a. M./ New York.

Wynn, D. E. (2004): Organizational Structure of Open Source Projects: A Life Cycle Approach. Southern Association of Information Systems, Georgia.

Young, M. (1958): The Rise of the Meritocracy 1870 - 2033: An essay on education and society. London: Thames and Hudson

Yuen, M.-C., King, I., Leung, K.-S (2011): A Survey of Crowdsourcing Systems. In: Third International Conference on Privacy, Security, Risk and Trust.

Zboralski, K., Gemünden, H. G. (2004): Die Integration des Kunden in Communities of Practice. In: Produktentwicklung mit virtuellen Communities. Hrsg.: Sander, J. G., Gabler, Wiesbaden, S. 277-302.

Zhao, Y., Zhu, Q. (2012): Evaluation on crowdsourcing research: Current status and future direction.

Zogaj, S., Bretschneider, U. (2014): Analyzing Governance Mechanisms for Crowdsourcing Information Systems - A Multiple Case Analysis. In: European Conference on Information Systems (ECIS) (accepted for publication), Tel Aviv, Israel.

Anhänge

Anhang 1:

Sonderaktionen

Clickworker werben Clickworker

Empfehlen Sie clickworker.com an Freunde und Bekannte weiter. Erhalten Sie 5,00 EUR für jeden geworbenen Clickworker, der mindestens 10,00 EUR verdient.

5,00 EUR

Quelle: Clickworker.de, zugegriffen am 21. Januar 2015

Anhang 2:

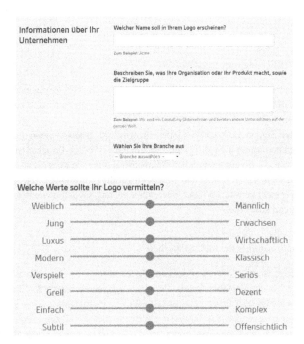

Quelle: 99designs.de, zugegriffen am 02. März 2015

Interviewfragen für das leitfadengestützte Experteninterview

Themensetzung: Steuerungs- und Kontrollmechanismen von Crowdsourcing Plattformen

Fragen zur Motivation und den Anreizen

- Wie motivieren Sie die Crowd, damit diese, die von Ihnen bereitgestellten Aufgaben erledigt? Erhält dieser eine monetäre Vergütung oder Sachpreise?
- Welche nicht monetären Anreizmechanismen setzen Sie ein, um die Crowd zu motivieren bzw. diese zu steuern? In einigen virtuellen Communities beispielsweise werden die erfolgreichsten Teilnehmer als „User des Monats" ausgezeichnet, oder eine Rangliste mit den besten Teilnehmern wird auf der Startseite präsentiert.

Fragen zur Aufgabendarstellung

- Wie stellen Sie sicher, dass die von dem Auftraggeber bereitgestellten Aufgaben für die Crowdsourcees leicht verständlich und überhaupt durchführbar sind? Unterstützen Sie den Auftraggeber bei der Aufgabenerstellung?

Fragen zur Rekrutierung und Selektion

- Wie finden und rekrutieren Sie für Ihre Plattform geeignete Teilnehmer? Schalten Sie Adwords-Kampagnen ein, präsentieren Sie sich auf Events oder welche Kampagnen setzen Sie ein?
- Wie prüfen Sie, ob die neu registrierten Crowdsourcees ausreichend qualifiziert für die von Ihnen bereitgestellten Aufgaben sind? Im Open Source-Projekt Debian beispielsweise wird ein potentieller Teilnehmer auf dessen Identifikation geprüft, muss eine Probearbeit leisten und wird noch auf die philosophische Übereinstimmung mit dem Projekt getestet. Wie selektieren Sie die ungeeigneten von den geeigneten Teilnehmern aus?

Fragen zur Qualitätskontrolle und -Sicherheit

- Unterstützen Sie die Crowdsourcees vor, oder während der Bearbeitung der Aufgaben? In einigen Open Source-Projekten beispielsweise werden den Teilnehmern Tutorials, FAQs oder Foren bereitgestellt. Welche Instrumente setzen Sie ein, um die Crowdsourcees bei der Bearbeitung der Aufgabe zu unterstützen?
- Wie prüfen Sie, dass ein Crowdsourcee seine Aufgaben ordnungsgemäß erledigt und die eingereichten Lösungen nicht fehlerhaft sind?

- Nehmen wir an, ein Crowdsourcee erledigt eine Aufgabe nicht ordnungsgemäß oder gar nicht, was droht diesem bzw. welche Sanktionsmechanismen werden in diesem Fall eingesetzt?
- Nehmen wir an, ein Crowdsourcee erledigt permanent die von ihm angenommenen Aufgaben falsch bzw. gar nicht. Was droht diesem bzw. welche Sanktionsmechanismen werden in diesem Fall eingesetzt?
- Nehmen wir an, ein Crowdsourcee erledigt eine Aufgabe ordnungsgemäß und nach bestem Gewissen. Nichtsdestotrotz beschwert sich der Crowdsourcer und ist nicht mit der eingereichten Lösung zufrieden! Wie Verfahren Sie in einer solchen Situation?

Fragen zu den bisherigen gesammelten Erfahrungen

- Fallen Ihnen noch weitere Mechanismen ein, die noch nicht besprochen worden sind?
- Wenn Sie zurückblicken, mit welchen eingesetzten Anreiz-, Steuerungs- und Kontrollmechanismen konnten Sie bisher gute Erfahrungen sammeln und warum?
- Wenn Sie zurückblicken, mit welchen eingesetzten Anreiz-, Steuerungs- und Kontrollmechanismen hatten Sie bisher schlechte Erfahrungen und woran lag dies?
- Welche der von Ihnen eingesetzten Steuerungs- und Kontrollmechanismen würden Sie eine Hohe Bedeutung zukommen lassen. Oder anders ausgedrückt, welche Steuerungs- und Kontrollmechanismen würden Sie anderen Crowdsourcing Plattformen empfehlen.

www.ingramcontent.com/pod-product-compliance
Lightning Source LLC
LaVergne TN
LVHW092345060326

832902LV00008B/811